Friedrich August Hüller

Natur- und Gesellschaftsprinzip in Rousseaus Pädagogik

Friedrich August Hüller

Natur- und Gesellschaftsprinzip in Rousseaus Pädagogik

ISBN/EAN: 9783743350717

Hergestellt in Europa, USA, Kanada, Australien, Japan

Cover: Foto ©ninafisch / pixelio.de

Manufactured and distributed by brebook publishing software (www.brebook.com)

Friedrich August Hüller

Natur- und Gesellschaftsprinzip in Rousseaus Pädagogik

Natur- und Gesellschaftsprinzip

in

ROUSSEAUS PÄDAGOGIK.

INAUGURAL-DISSERTATION

zur

Erlangung der Doktorwürde der philosophischen Fakultät

der

Universität Leipzig

vorgelegt von

Friedrich August Hüller.

LEIPZIG-PLAGWITZ

BUCHDRUCKEREI EMIL STEPHAN

1898.

QUELLEN.

Bakitsch, W., Die Hauptpunkte der Rousseauschen Pädagogik. Dissertation, Leipzig, 1874.

Borgeaud, Ch., J. J. Rousseaus Religionsphilosophie. Dissertation, Jena, 1883.

Brockerhoff, F., Rousseaus Leben und Werke. Leipzig, 1863—74. 3 Bde.

Corwin, N., Entwicklung und Vergleichung der Erziehungslehren von J. Locke und Rousseau. Dissertation, Heidelberg, 1894.

Gehrig, H., Rousseau, sein Leben und seine pädagogische Bedeutung. Neuwied, 1879.

Gössgen, K., Rousseau und Basedow. Dissertation, Strassburg, 1891.

Hahn, G., Basedow und sein Verhältnis zu Rousseau. Dissertation, Leipzig, 1885.

Hauber, Rousseau in Schmids Encyklopädie der Pädagogik. 2. Aufl. 1886. VII, 284 ff.

Hettner, Litteraturgeschichte des 18. Jahrhunderts. 4. Aufl. 1881. II. Teil, p. 432 ff.

Höffding, H., Rousseau und seine Philosophie. Stuttgart, 1897. (Frommanns Klassiker der Philosophie, IV.)

Krömer, E. J., Der Staatsvertrag. Eine philosophische Abhandlung unter Zugrundelegung des Rousseauschen Contrat social. Dissertation, Leipzig.

Mahrenholtz, R., Rousseau, Leben, Geistesentwicklung und Hauptwerke. Leipzig, 1889.

Meyer, Jürgen Bona, Voltaire und Rousseau in ihrer sozialen Bedeutung. Berlin, 1856.

Paulsen, Geschichte des gel. Unterrichts. 2. Aufl. 3. Halbbd. 1896.

— System der Ethik mit einem Umriss der Staats- und Gesellschaftslehre. 3. Aufl. 1894.

Plantiko, Rousseaus, Herders und Kants Theorie vom Zukunftsideal der Menschheitsgeschichte. Dissertation, Greifswald, 1895.

Reimer, Rousseaus Emil. Übersetzt und mit Einleitung und Erläuterungen versehen. 1880. (Pädagogische Bibliothek von Richter.)

Oeuvres de J. J. Rousseau, avec des notes historiques. Paris, 1819—22. T. I—XXII. (G. Petitain.)[1]

J. J. Rousseau, jugé par les Genevois d'aujourd'hui conférences faites à Genève par J. Braillard, H.-F. Amiel, A. Oltramare, J. Hornung, A. Bouvier & Marc-Monnier. Genève, 1879.

J. J. Rousseaus Philosophische Werke. Aus dem Französischen übersetzt. Reval und Wesenberg, 1779.

v. Sallwürk, Bildung und Bildungswesen in Frankreich während des 17. und 18. Jahrhunderts in Schmids Geschichte der Erziehung etc. IV, 1. Abteilung. 1896.

Schiller, H., Lehrbuch der Geschichte der Pädagogik. 2. Aufl. Leipzig, 1891.

Schneider, Rousseau und Pestalozzi. Der Idealismus auf deutschem und auf französischem Boden. 2 Vorträge. 5. Aufl. Berlin, 1895.

Schmidt, K., Geschichte der Pädagogik. 4. Aufl. III. Bd. Köthen, 1883.

Spitzner, A., Natur und Naturgemässheit bei Rousseau. Dissertation, Leipzig, 1891.

Ueberweg-Heinze, Geschichte der Philosophie. III, 1. 8. Aufl. 1896.

Vogt und Fritsche, J. J. Rousseau. Langensalza (Beyers Bibliothek pädagogischer Klassiker), 1872/73.

Willmann, O., Didaktik als Bildungslehre. 2. Aufl. 1895.

Wundt, W., Ethik. Stuttgart, 1886.

Ziegler, Th., Geschichte der Pädagogik. München, 1895*).

---

[1]) Auf diese Ausgabe beziehen sich die unseren Citaten beigefügten Stellennachweise.

*) Eine zusammenhängende und erschöpfende Darstellung hat die soziale Theorie Rousseaus in neuester Zeit erst gefunden in der soeben erschienenen Schrift: Jean Jacques Rousseaus Sozialphilosophie von Franz Haymann. Leipzig. 1898.

Leider stand uns dieses Werk bei der Ausarbeitung unseres Themas noch nicht zur Verfügung.

Natur- und Gesellschaftsprinzip
in
Rousseaus Pädagogik.

INHALT.

	Seite
1. Begründung und Absicht der Arbeit	1
2. Rousseaus Persönlichkeit in ihren Hauptzügen	6
3. Entstehung und allgemeines Verhältnis von Rousseaus Natur- und Gesellschaftsideal	9

A. Das Naturprinzip in Rousseaus Pädagogik.

I. Anthropologische Bedeutung des Rousseauschen Naturbegriffes auf pädagogischem Gebiete 19
II. Rousseaus Anschauungen über die Menschennatur . . . 22
   1. Sachliche Darstellung seiner Anschauungen:
      a) in Bezug auf die physische Natur 22
      b) in Bezug auf die psychische Natur 25
      c) in Bezug auf die Natur des Weibes 45
   2. Kritische Betrachtung seiner Anthropologie 47
III. Feststellung der typischen Züge in Rousseaus Anthropologie und der daraus resultierenden pädagogischen Konsequenzen 54
IV. Prüfung der Rousseauschen Pädagogik in Bezug auf die in seiner Naturanschauung wurzelnden Tendenzen . . 58
V. Rückblick. Fundamentale Bedeutung des Naturprinzips. Unzulänglichkeit desselben (Subjektives Prinzip) . . 83

B. Das Gesellschaftsprinzip in Rousseaus Pädagogik.

I. Allgemeine Begriffsbestimmung 86
II. Rousseaus Gesellschaftsideal 87
   1. Charakterisierung 89
   2. Kritische Betrachtung 98
III. Aufstellung der aus Rousseaus Gesellschaftsideal sich ergebenden pädagogischen Folgerungen 100
IV. Nachweis der Geltendmachung des Rousseauschen Gesellschaftsideals in seiner Pädagogik 102
   1. Allgemeines Verhältnis der Rousseauschen Pädagogik zu seinem Gesellschaftsideal 103
   2. Äusserung der durch sein Gesellschaftsideal bedingten Tendenzen in seiner Pädagogik 108
V. Rückblick. Bedeutung des Gesellschaftsprinzips für das Endziel der Erziehung. Korrektiv des Naturprinzips 125
Schlussbetrachtung 127

1.
Begründung und Absicht der Arbeit.

Die Pädagogik Rousseaus steht in ausgesprochenstem Sinne unter dem Losungsworte der Natur. Wie ein roter Faden zieht es sich durch alle seine Ausführungen und bietet sich für die Betrachtung derselben als bequemen Leitstern dar. Wiederholt[1]) ist daher das Prinzip der Naturgemässheit als Standpunkt gewählt worden, um von ihm aus seine Pädagogik darzustellen. Ist dies Verfahren an sich auch berechtigt, so ist es doch dem Fehler häufig verfallen, der Pädagogik Rousseaus einen falschen Stempel aufzuprägen.

Soweit wir nämlich die pädagogische Litteratur über Rousseau überblicken konnten, liess sich zumeist die Beobachtung machen, dass der dem Naturprinzip zu Grunde liegende schwierige und vieldeutige Begriff der Natur eine ziemlich oberflächliche Erledigung gefunden hat[2]). Die Folgen einer derartigen Betrachtungsweise zeigen sich darin, einerseits fremdartige Züge dem Umfange jenes

---

[1]) In den meisten Darstellungen der Geschichte der Pädagogik wird die Rousseausche Pädagogik unter dem Gesichtspunkte der Naturgemässheit behandelt. — Cf. auch Corwin, a. a. O. 49 ff. — Gehrig, a. a. O. 89 ff. — Hauber, a. a. O. 286 ff. — Spangenberg, Rousseaus Emil im Lichte der heutigen Erziehungsansichten. Pr. Kassel 1884. — Spitzner, a. a. O. 53 ff.

[2]) So sehen viele in ihm mit Palmer weiter nichts als „eine reine Negation ohne allen positiven Gehalt" (Ev. Päd. Tübingen 1853, p. 20), oder wie er an anderer Stelle sagt, „das Oppositum der Kultur" (Schmid, Encyklopädie, 2. A. II, 317); andere beschränken den Begriff wie G. Baur (Grundzüge der Erziehungslehre, 4. A. 1887, p. 84) oder Gehrig, a. a. O. 158 ff, auf irgend ein hervorstechendes Kriterium und übersehen dabei andere wesentliche Züge desselben; noch andere — z. B. Hauber, a. a. O., P. Müller (J. J. R., Der pädagogische Irrstern. Hannover 1875; Splittgerber, Die moderne widerchristliche Pädagogik. Leipzig 1878) — lassen der historischen Bedingtheit seiner Naturanschauung nicht genügende Beachtung widerfahren und beurteilen sie nach einem fremden Massstabe. — In den Lehrbüchern der Geschichte der Pädagogik begnügt man sich gewöhnlich, diesen Begriff durch einen darauf bezüglichen Ausspruch Rousseaus zu erklären, ohne den tieferen Beziehungen desselben weiter nachzugehen, noch auch immer zu beachten, dass Rousseau den Begriff der Natur nicht überall in demselben Sinne gebraucht.

Begriffes einzuverleiben, andererseits integrierende Bestandteile als Inkonsequenzen desselben aufzuweisen. In jedem dieser Fälle wird nicht nur der von Rousseau an und für sich nicht ganz scharf erfasste und dargelegte Begriff der Natur verwischt[1]), sondern es wird von seiner ganzen Pädagogik dadurch ein verschrobenes Bild entrollt.

Aber auch zu einer gewissen Einseitigkeit hat jene Betrachtungsweise nicht selten verleitet. Insbesondere sind in solchen Darstellungen andere für eine gerechte Beurteilung und Wertschätzung seiner Pädagogik gleichfalls wichtige Gesichtspunkte in den Hintergrund geschoben, wo nicht gar völlig ausser acht gelassen worden. Dies gilt namentlich von dem Gesellschaftsprinzipe, unter welchem Namen wir die Summe aller jener Ratschläge und Massnahmen zusammenfassen, welche Rousseau im Hinblicke auf die gesellschaftlichen Verhältnisse, deren Neubegründung ihm so sehr am Herzen lag, als Korrektiv den Forderungen seines Naturprinzips hinzugesellte[2]).

Wer den Einfluss dieses letzteren Prinzips auf seine Pädagogik einfach ignoriert und der gewöhnlichen Annahme derer kritiklos beipflichtet, nach welchen für Rousseau das Prinzip der Naturgemässheit das einzige, das allein herrschende gewesen sei[3]), muss

---

[1]) Bezeichnend sind hierfür die Worte v. Raumers: „Je genauer man hinsieht, um so nebliger und unbestimmter erscheinen uns mehrere Begriffe Rousseaus. Vor allem der Begriff „Natur". Sie soll den Menschen erziehen, indem sie seine Kräfte und Glieder entwickelt — dann ist sie ihm wieder eine instinktmässige Sympathie und Antipathie im Menschen. Wozu der Ausdruck: Erziehung der Natur?" (Geschichte der Pädagogik, 2. Aufl. 1847, II, 227).

[2]) Die geringe Beachtung, welche dieses Prinzip bisher erfahren, hängt zum Teil auch damit zusammen, dass fast durchgehends in der pädagogischen Litteratur das überwiegende Interesse jenen Ratschlägen zugewandt worden ist, welche Rousseau für die Erziehung in der ersten grossen Lebensperiode (1.—15. Jahr) gegeben hat; seine Vorschriften und Maximen in Bezug auf den zweiten grossen Zeitabschnitt (15.—25. Jahr), in welchem sich dieses Prinzip besonders fühlbar macht, werden meist mehr flüchtig gestreift als eingehend behandelt. Und doch misst Rousseau gerade dieser letzteren Erziehungsperiode eine ungleich grössere Bedeutung bei als jener. Dies ist aus jener Stelle zu ersehen, wo er mit einiger Übertreibung in Bezug auf die „zweite Geburt" (Eintritt ins Jünglingsalter) sagt: „C'est ici la seconde naissance dont j'ai parlé; c'est ici que l'homme naît véritablement à la vie, et que rien d'humain n'est étranger à lui. Jusqu' ici nos soins n'ont été que des jeux d'enfant; ils ne prennent qu'à présent une véritable importance. Cette époque où finissent les éducations ordinaires est proprement celle où la nôtre doit commencer." Tom. VIII, 418. (Émile, livr. IV).

[3]) Wir erwähnen nur: G. Baur, a. a. O.; Gehrig, a. a. O., p. 85; Peltzer, J. J. Rousseaus Glaubensbekenntnis des Vicars aus Sav., 1885, p. 5; v. Raumer, a. a. O.; Splittgerber, a. a. O.; Stöckl, Lehrbuch der Geschichte der Pädagogik, 1876, p. 311; Walsemann, Die Pädagogik J. J. Rousseaus und J. B. Basedows, 1885, p. 51.

ohne Zweifel ein falsches Bild von seinem pädagogischen Streben gewinnen. Dies erhellt schon aus dem allgemeinen Charakter seiner Pädagogik, deren Absicht nach dem Urteile des gründlichen Rousseauforschers v. Sallwürck eine soziale oder politische ist[1]). Ebenso unhaltbar und mit seiner ganzen Persönlichkeit und seines Strebens höchstem Ziele[2]) unvereinbar erweist sich jene Annahme, wenn man erwägt, in wie engem Zusammenhange seine pädagogischen Ansichten mit seinen sonstigen philosophischen, theologischen und sozialen Anschauungen stehen, und wenn man zusieht, wie er die Ergebnisse seines Forschens auf diesen verschiedenen Gebieten, besonders auch auf dem Gebiete des sozialen Lebens, in die reifste Frucht seines Geistes, seinen Émile[3]), verwebt hat[4]).

So nahe also für Rousseau diese Beziehungen seiner Pädagogik zu seinem Gesellschaftsideale lagen, und so sehr sie auch darin zu Tage treten, so ist ihnen doch bisher noch keine besondere Aufmerksamkeit gewidmet worden[5]). Eine solche aber, glauben

---

[1]) E. v. Sallwürk bezeichnet es als ein grundsätzlich unberechtigtes Verfahren, Rousseaus Gedanken als eigentlich pädagogische in unserem Sinne zu betrachten, zu verwerten und zu bestreiten. (Rousseaus Stellung in der Pädagogik. Pädagogische Studien. Neue Folge 1880, p. 21). — Auch Schiller, a. a. O. 239, hebt mit Recht hervor, dass man bei der Beurteilung seiner Pädagogik stets im Auge behalten müsse, dass der Emil eine universellere Tendenz hat als eine Erziehungstheorie zu liefern.

[2]) „Sein Hauptaugenmerk war auf die weiten Gebiete des staatlichen und gesellschaftlichen Lebens gerichtet" (Brockerhoff, a. a. O. II, 358). — Müller, a. a. O., 14: „Sein eigentümliches Feld ist die Sozialpolitik." — „Das Hineinragen des politischen Interesses ist bei der Beurteilung des Erziehungsideals im Emil von durchschlagender Bedeutung" (p. 15).

[3]) Tom. II, 504: „Ce que m'en dirent, ce que m'en écrivirent les gens les plus capables d'en juger, me confirma que c'étoit là le meilleur de mes écrits, ainsi que le plus important." (Confess., partie II, livr. IX).

[4]) „Rousseaus übrige Werke bilden zum grössten Teile nur Vorstudien zum Emil, dem Schlussstein seiner ganzen litterarischen Thätigkeit." (E. v. Sallwürck, II. Anhang zur Émile-Übersetzung. Beyers Bibl. päd. Klassiker, Langensalza 1876/78 II, 286).

[5]) Hier und da wird zwar ein Einfluss des Gesellschaftsideals auf seine Pädagogik vermutet oder bestimmt angenommen, nirgends aber seiner Einwirkung weiter nachgegangen. So erkennt Bakitsch, a. a. O. p. 11, ganz richtig, dass Rousseau eigentlich zwei Ideale vorschwebten — einmal das Ideal eines Naturmenschen oder des unabhängigen Individuums — gegenüber den verkehrten Verhältnissen der damaligen Gesellschaft — das andere Mal das Ideal eines tugendhaften Gesellschaftsmenschen — eine genauere Untersuchung über den Einfluss beider suchen wir aber bei ihm vergeblich. — Auch Spitzner, der, a. a. O. 53, gleichfalls das Vorhandensein beider Ideale betont und auch ihr allgemeines Verhältnis klar auseinandersetzt, unterlässt es, den Einfluss des Gesellschaftsprinzips genauer festzustellen. — Nach Schiller, der dem Gesellschaftsideale auch Bedeutung für die Rousseausche Pädagogik zuerkennt, hat Rousseau „das Ideal des Naturmenschen mit einem zweiten in fast untrennbarer Weise vermengt, mit dem des tugendhaften Mitgliedes der Gesellschaft" (a. a. O. p. 242).

wir, verdienen dieselben; bilden sie doch einen Faktor, welcher neben dem Naturprinzip für die Beurteilung der Rousseauschen Pädagogik notwendig mit in Betracht zu ziehen ist. Es ist dies eine Überzeugung, die sich, je tiefer wir uns in die pädagogischen Gedanken Rousseaus versenkten, uns mit um so grösserer Gewissheit aufgedrängt hat.

Ein Verfolgen des Momentes, welchen Einfluss die Rücksichten auf die Gesellschaft in seiner Pädagogik gewinnen, wird ergeben, dass Rousseaus Pädagogik nicht lediglich unter dem Gesichtspunkte eines „trotzigen Individualismus"[1] zu betrachten ist, sondern dass es ihr auch an sozialer Färbung keineswegs mangelt, dass neben den Rücksichten, welche in Bezug auf den Zögling als Einzelwesen, als Individuum, getroffen werden, es auch nicht fehlt an mancherlei Beziehungen, welche ihm als sozialem Wesen, als Glied der Gesamtheit, gerecht zu werden suchen.[2]

Allerdings stellen sich der Aufgabe, den Einfluss des Gesellschaftsprinzips in Rousseaus Pädagogik aufzuzeigen, nicht unerhebliche Schwierigkeiten in den Weg. Vor allem wird die Lösung deswegen eine sehr vorsichtige und wohlerwogene sein müssen, weil der Einfluss dieses zweiten Prinzips nie oder nur selten ohne den gleichzeitigen des Naturprinzips sich geltend macht, und zwar ist jener bald mehr versteckt, bald deutlich ausgesprochen wahrzunehmen; niemals drängt er sich dem Betrachter in so betontem Sinne auf wie der des Naturprinzips.

Geht aus dieser Sachlage hervor, dass Rousseau der Ausgestaltung des Gesellschaftsprinzips ungleich weniger Aufmerksamkeit zugewandt hat als der des Naturprinzips, so erweist sich deswegen unser Vorhaben, aus den Fingerzeigen und Richtlinien, die er gegeben, auch dieses Ideal in seinen Hauptzügen zu konstruieren und die Einwirkung desselben auf seine Pädagogik zu erforschen, noch nicht als unangängig oder zwecklos.

Schliesslich verhehlen wir nicht, dass wir einer so oft zu Tage tretenden einseitigen oder schiefen Auffassung der pädagogischen Gedanken Rousseaus gerade dadurch am sichersten zu entgehen hoffen, dass wir es wagen, in folgendem Versuche beide Prinzipe nach ihrem Wesen wie nach ihrem Einflusse auf seine Pädagogik darzustellen, also von zwei Seiten aus Licht auf sie zu werfen. Gewinnt doch ein jeder Gegenstand bei doppelter Beleuchtung an Klarheit.

---

[1] Willmann, a. a. O., I, 36.
[2] Es ist ganz unbegründet, wenn man behauptet, Rousseau fasse die Erziehung nur als Bedürfnis der Natur auf. Es wird sich zeigen, dass er sie in Wirklichkeit und ganz nachdrücklich auch als Bedürfnis der Gesellschaft, des Staates fordert.

Soll nun die Pädagogik Rousseaus nach jenen beiden Seiten hin zur Darstellung gelangen, so ist in der oben bezeichneten eigenartigen Beziehung des Gesellschaftsprinzips zum Naturprinzip schon insofern ein Fingerzeig für den Gang der Untersuchung im allgemeinen gegeben, als eine möglichst scharfe Fixierung des Wesens und der Geltendmachung des Naturprinzips der Darstellung des anderen notwendig vorherzugehen haben wird.

2.

Rousseaus Persönlichkeit in ihren Hauptzügen.

Bevor wir der Darstellung der Rousseauschen Ideen näher treten, ist es nötig, uns die Persönlichkeit Rousseaus in ihren Hauptzügen zu vergegenwärtigen; denn wenn je von einem Schriftsteller gilt, dass die Kenntnis der Eigenart seiner Persönlichkeit der beste Schlüssel für das Verständnis seiner in Werken niedergelegten Ansichten ist, so gilt dies von Rousseau in ganz besonderem Grade. Enthält doch der Émile, wie v. Sallwürk[1]) mit Recht sagt, „überhaupt den ganzen Rousseau" und sind doch auch seine übrigen zahlreichen Schriften mehr oder minder mit seinem innersten Wesen, seiner Denk- und Empfindungsweise aufs innigste verknüpft.

Es ist nun freilich eine schwierige Aufgabe, eine auch nur in den Hauptzügen verständliche Analyse seines Charakters zu geben. Dieser wird immer etwas Rätselhaftes an sich behalten, wie er auch für ihn selbst in vielen Stücken rätselhaft war. Vor allem sind es psychologisch fast unerklärbar scheinende Gegensätze, welche Rousseaus Wesen in sich vereinigt. Erhabene und edle Tendenzen beherrschen ihn neben niedrigen und gemeinen Trieben. Sein Herz gerät in Widerspruch mit seinem Kopfe, sein Gefühl und Empfinden mit seinem Verstande. Ein Übermass von Reizbarkeit und eine krankhaft erhitzte Phantasie steigern seine Bedürfnisse und Freude am sinnlichen Genuss ins Masslose und vertreiben sie alsbald wieder durch selbstquälerische, hypochondrische Grübeleien. Eine momentane Begeisterung, die oft den Charakter der Ekstase[2]) annimmt, wechselt mit einem schlaffen und müden Sichgehenlassen und Zusammensinken. Während ein mächtiger Drang nach Freiheit und Tugend ihn die verwahrloste Gesellschaft ver-

---

[1]) E. v. Sallwürk, Einleitung zur Émile-Übersetzung. (Beyers Bibliothek pädagogischer Klassiker. Langensalza 1876/78) I, 137.
[2]) Cf. Confess. partie II, livre VIII; tom. II, 123f. — Seconde lettre à Malesherbes; tom. III, 195ff. —

achten und fliehen heisst, trägt er doch für deren Wohl ein voll Liebe glühendes Herz in seinem Busen[1]) und widmet ihrer Veredelung seine Lebensaufgabe[2]). So erschreckend tief er auf der einen Seite in Gemeinheit und Schmutz versunken ist und diese Schwäche mit unerhörter Offenheit und rücksichtsloser Nacktheit schamlos aufdeckt, so hat er sich auf der andern Seite eine Tiefe in seinem Innersten bewahrt, welche keusch und unberührt geblieben ist[3]), und aus welcher neben der Sehnsucht nach Tugend und Reinheit die zartesten und schmachtendsten Empfindungen hervorquellen. In ihm, der sich dem Strudel der entartetsten und verkommensten Gesellschaft willenlos hingegeben und tiefer davon ergriffen worden ist als kaum ein anderer, ist trotzdem die Stimme der Natur nicht erstickt: rein und stark hallt sie vielmehr aus ihm wieder. Und wiederum ist es charakteristisch für Rousseau, dass dieser Grundzug seines Wesens, dieser Sinn und Drang nach Natur, bei ihm aufs engste verbunden ist mit der heissesten Liebe zur menschheitlichen Gesellschaft, der er doch die Natur entgegensetzte[1]).

Dieser persönlichen Eigenart entspricht nun auch sein **schriftstellerischer Charakter**[5]). Hier begegnen uns die nämlichen Kontraste. Die klarsten und wahrsten Gedanken mischen sich mit den dunkelsten und verschrobensten[6]). Bald treffen wir eine von Leidenschaftlichkeit durchglühte Begeisterung, lebenswarme Empfindung, pathetische Überschwenglichkeit, bald nüchterne, ruhige, glatte Prosa; glanzvolle, nicht enden wollende Perioden neben knappen, abgerissenen Sätzen, Wiederholungen von Worten und Häufungen von Superlativen. Vor allem äussert sich sein überaus reizbares, ganz von Gefühlen regiertes Wesen auch in seiner Schreibweise. Leicht gerät er vom trockenen Begriff in ein farbensattes Bild, von den natürlichsten Wahrheiten zu den sonderbarsten Extremen und Paradoxien. Nie vermag der Verstand seinem

---

[1]) Es tritt uns bei Rousseau entgegen ein extremer Pessimismus in der Beurteilung der gegenwärtigen Staats- und Gesellschaftsordnung verbunden mit einem ebenso extremen Optimismus in der Beurteilung der menschlichen Natur. (Paulsen, System der Ethik, a. a. O. II, 374.)
[2]) Brockerhoff, a. a. O., I, 304. —
[3]) Mahrenholtz, a. a. O., 164 f.
[4]) Brockerhoff, a. a O., I, 28. —
[5]) Man darf wohl Fritsche (Rousseaus Stil und Lehre I. T., Programm, Zwickau 1884) beistimmen, wenn er (p. 36) sagt: „Nur von wenigen anderen Schriftstellern wird der Ausspruch Buffons: „le style est l'homme même" mit demselben Rechte gelten können, wie von Rousseau." — In den Confessions äussert sich Rousseau über sein schriftstellerisches Talent einmal so: „Mon talent étoit de dire aux hommes des vérités utiles, mais dures, avec assez d'énergie et de courage; il falloit m'y tenir. Je n'étois point né, je ne dis pas pour flatter, mais pour louer". (Conf. p. II, livr. XI; tom. II, 469.) —
[6]) Diese Eigentümlichkeit ist zum Teil eine Folge seines autodidaktischen Bildungsweges. —

Gefühle zu folgen[1]). Eruptiv ergiesst sich sein Gedankenstrom nach irgend einer Richtung, um ebenso plötzlich wieder davon abzuspringen; daher denn auch das Sprungartige und Widerspruchsvolle in seinen Schriften[2]).

Vermehrt werden schliesslich diese Kontraste noch dadurch, dass sein widerspruchsvolles Leben selbst mit seinen an disparaten Elementen so reichen Werken auch in mannigfachem Gegensatz sich befindet. Die härtesten und schneidendsten Widersprüche aber, vor welche er sich gestellt sah, waren die zwischen seinen Idealen und der thatsächlichen Wirklichkeit, Widersprüche, deren Märtyrer er schliesslich wurde[3]).

So ist denn Rousseau in der That, wie einer seiner deutschen Biographen sagt, der Mann mit der zwiegespaltenen Seele[4]), der Mann, in dem in merkwürdigster und seltsamster Weise Echtes und Falsches, Edles und Gemeines gemischt sind.

Eine solche aussergewöhnliche Natur, wie die Rousseausche es war, schien eigens dazu bestimmt[5]), die Schranken seines Jahrhunderts zu durchbrechen, die Grundschäden einer völlig entarteten Gesellschaft freimütig und kitzelerregend aufzudecken und neue Ziele und neue Bahnen mit prophetischem Geiste erfolgreich zu verkünden.

Diese höchst merkwürdige Individualität verlangt nun, dass wir uns Schritt für Schritt durch alle Schriften ihrer Denk- und Schreibweise, sowie der dahinter stehenden Persönlichkeit erinnern. Nur so kann es möglich werden, unbeirrt von allem Beiwerk das lautere Gold darin zu entdecken und ein objektives Bild seiner Bestrebungen zu gewinnen.

---

[1]) „Ganz wie sein Denken steht auch seine Erinnerung unter dem Einflusse seines Gefühls". (Höffding, a. a. O. 22.) — Reissig, (J. J. Rousseaus Leben und Wirken. Leipzig 1879): „Da er in seinen Behauptungen lediglich den Eingebungen seines Herzens folgt und sie dann mit allen Hilfsmitteln eines überlegenen Talents verteidigt, so steigert er seine Paradoxien nicht selten bis zum Widersinn, indem er sie gleichzeitig mit dem Schmuck der erhabensten und wahrsten Gedanken zu umkleiden „weiss." (p. 35). — Cf. auch Brockerhoff, a. a. O., II, 358. — Treffend charakterisiert seine Denkweise auch E. du Bois-Reymond in seiner in der Akademie der Wissenschaften zu Berlin 1879 gehaltenen Rede über Friedrich II. und J. J. Rousseau. (Deutsche Rundschau, 19. Band 1879. p. 249f.)

[2]) Ebenso erklärt dieser Umstand auch, dass die meisten Widersprüche nur Scheinwidersprüche sind, die bei genauerem Zusehen der einheitlichen Gedankenrichtung ebenso wenig entbehren wie seine Persönlichkeit ihres einheitlichen Kerns.

[3]) Höffding, a. a. O., p. 103.

[4]) Hauber, a. a. O., p. 284. — Brockerhoff, a. a. O., II, 120.

[5]) „Sein lebhaftes Gefühl und seine Begeisterung lassen ihn erblicken, was kein anderer zu sehen vermochte." (Höffding, Geschichte der neueren Philosophie, deutsch von Bendixen. Leipzig 1895. I. Band. p. 554.)

3.

Entstehung und allgemeines Verhältnis von Rousseaus Natur- und Gesellschaftsideal.

Der Ursprung von Rousseaus Natur- und Gesellschaftsideal ist aufs engste verknüpft mit dem Ursprunge seines philosophischen Denkens überhaupt. Es gilt demnach von vornherein seine pädagogischen Gedanken nicht aus diesem ihrem natürlichen Zusammenhange herauszureissen, wie dies oft geschehen, sondern die einheitliche Quelle aufzusuchen, aus welcher sie geflossen und ihre Ziele mit den ihn auch auf anderen Gebieten leitenden Motiven in Einklang zu bringen. Bleibt diese nahe Beziehung der Rousseauschen Pädagogik zu seiner Lebensaufgabe gewahrt, dann ist nach unserer Anschauung der sichere Standpunkt gewonnen, von welchem aus das richtige Licht auf seine pädagogischen Gedanken fallen kann. Verfolgen wir daher zu diesem Zwecke in Kürze die wichtigsten Stadien seiner philosophischen Entwicklung.

Wenn auch ohne Zweifel sein wechselvolles, an Schicksalen reiches Leben ihm frühzeitig schon manchen Anlass zu philosophischer Reflexion geben mochte, so lag es doch in der Natur seines Geistes begründet, ihr nicht andauernd nachzuhängen. Ganz überraschend war daher jene erste Eruption, welche die Preisfrage der Akademie zu Dijon im Jahre 1749 in seinem Geiste erzeugte[1]). Hervorgewachsen war die Preisfrage aus einer Gesellschaft[2]), deren höchstes Entzücken in geistigen Genüssen bestand und deren Herz überschwoll vom Lobe der die Sitten verfeinernden und das Leben verschönenden Wissenschaften und Künste, welche aber ebenso frivol und sittenlos als geistvoll war. Dieser Gesellschaft, in deren Gemeinschaft er selbst geweilt, scheute sich Rousseau nicht, mit der

---

[1]) Sie lautete: „Si le progrès des sciences et des arts a contribué à corrompre ou à épurer les moeurs?" — Rousseau gab ihr die Wendung: „Si le rétablissement des Sciences et des Arts a contribué à épurer les moeurs?" (Tom. IV, 1).
[2]) Cf. Schneider, a. a. O., p. 9.

Macht eines Propheten ein schneidendes Nein auf die von ihr gegestellte Frage entgegenzuschleudern[1]).

Wirkten die in jener Abhandlung ausgesprochenen unerhörten Behauptungen auf seine Zeitgenossen verblüffend, kitzelerregend, so ist es für den historischen Betrachter hoch interessant, zu beobachten, wie sich in ihr bereits die Wurzeln jener Probleme vorfinden, deren Lösung sein ganzes Leben gewidmet war.

Wie klingt uns darin schon der Ruf nach Natur entgegen! Hören wir nur einige seiner Äusserungen: „Der Mensch hat durch die Einsicht seiner Vernunft das Dunkel zerstreut, in welches die Natur ihn eingehüllt hatte[2])". „Bevor die Kunst unsere Manieren ausgebildet und unsere Leidenschaften gelehrt hatte, eine künstliche Sprache zu reden, waren unsere Sitten derber, aber natürlich[3])." „Wer möchte sein Leben mit unfruchtbaren Betrachtungen hinbringen wollen, wenn jeder lediglich auf die Pflichten des Menschen und die Bedürfnisse der Natur bedacht, nur Zeit hätte für das Vaterland, für die Unglücklichen und für seine Freunde[4])?" „Völker, wisst also einmal, dass die Natur uns vor der Wissenschaft bewahren wollte, wie eine Mutter eine gefährliche Waffe den Händen ihres Kindes entreisst, dass alle Geheimnisse, welche sie euch verbirgt, ebensoviel Übel sind, vor welchen sie euch schützt und dass die harte Arbeit, die euch der Unterricht kostet, nicht die geringste ihrer Wohlthaten ist[5])."

Prüft man die ganze Abhandlung rücksichtlich ihrer Beziehung zum Naturproblem, so gewinnt man den Eindruck, dass hier der Begriff der Natur noch ein sehr dunkler und unbestimmter ist, der, weil aus unklarem Gefühl entsprungen, für ihn selbst noch nicht greifbare Gestalt angenommen hat, sondern mehr nur geahnt und gesucht wird. Deshalb entzieht er sich auch jeder näheren Bestimmung. Nur im allgemeinen lässt sich die Natur, an welche Rousseau hier appelliert, charakterisieren als ein Zustand „glücklicher Unwissenheit"[6]), in welchem die Menschen noch „unschuldig und tugendhaft"[7]) waren; als ein harmonischer Zustand grösster

---

[1]) Rousseau war sich der Kühnheit dieses Schrittes bewusst: „Comment oser blâmer les sciences devant une des plus savantes compagnies de l'Europe, louer l'ignorance dans une célèbre Académie, et concilier le mépris pour l'étude avec le respect pour les vrais savans?" (Tom. IV, 5).
[2]) Tom. IV, 6. — IV, 21: „Le voile épais dont elle a couvert toutes ses opérations sembloit nous avertir assez qu'elle ne nous a point destinés à de vaines recherches."
[3]) Tom. IV, 9.
[4]) Tom. IV, 23.
[5]) Tom. IV, 21 f.
[6]) Tom. IV, 21.
[7]) Tom. IV, 30.

Einfachheit¹) und Freiheit²), der allen eitlen Nachforschungen³) und Künsten vorauging und der Rousseau besonders im Hinblick auf die letzteren als Zuflucht und Gegensatz dient, um von ihm aus alle jene verderblichen und gefährlichen Einflüsse⁴) im grellsten Lichte zu zeigen, welche die von der Natur entfernenden Wissenschaften und Künste nach seiner Anschauung notwendig im Gefolge haben. Wie diese Natur den gegenwärtigen Verhältnissen weit vorzuziehen und wie stark seine Sehnsucht nach ihr ist, bezeugen die Worte, in denen wir ihn aufseufzen hören: „Allmächtiger Gott, der du die Geister in deinen Händen hältst, befreie uns von der Einsicht und den trübseligen Künsten unserer Väter und gieb uns Unwissenheit, Unschuld und Armut zurück, die einzigen Güter, welche unser Glück ausmachen und welche vor dir wertvoll sind ⁵).“

Inwiefern der Begriff der Natur bei Rousseau in späteren Schriften eine andere Bedeutung annimmt, gewisse Züge an ihm aber doch festgehalten werden, wird sich bei dem ferneren Verfolgen seiner philosophischen Entwicklung zeigen⁶).

---

¹) Tom. IV, 30.
²) Tom. IV, 7.
³) Tom. IV, 21.
⁴) Wissenschaften und Künste verdanken ihr Entstehen unseren Lastern (IV, 23), sind eitel hinsichtlich des Objekts, welches sie im Auge haben und noch gefährlicher durch die Wirkungen, die sie hervorbringen (IV, 24 f.). Als solche nennt Rousseau: „Missbrauch der Zeit (IV, 25), Luxus (IV, 26), Ausschweifung, Sklaverei (IV, 21), Entnervung des Mutes, Schwächung für kriegerische Zwecke (IV, 30, 31) und Verachtung der Tugend (IV, 35 f.) — Ohne Zweifel liegt diesen Anschauungen ein wahrer Kern zu Grunde. Das wissenschaftliche Verhalten trägt, wie Volkelt (Vorträge zur Einführung in die Philosophie der Gegenwart München 1892) klar auseinandersetzt, jederzeit Keime zu gefahrvoller Entwicklung in sich und führt leicht zu einer Vereinseitigung des Menschen, welcher zufolge das Naive, Unwillkürliche, Gefühls- und Willensartige im Menschen zu leiden hat (p. 43 f.) — Den übertriebenen pessimistischen Anschauungen Rousseaus lässt sich jedoch auf der andern Seite entgegenhalten, was Heinze in seiner Rektoratsrede „Über den sittlichen Wert der Wissenschaft" überzeugend darlegt. Dort heisst es u. a:
„Es liesse sich nun wenigstens der Wahrscheinlichkeitsbeweis liefern, dass infolge bestimmter Erkenntnisse gewisse Gesetze der Moral sich erst gebildet und zur Geltung gekommen sind. So, um nur eins zu erwähnen, ist das Gebot der allgemeinen Menschenliebe erst anerkannt worden, nachdem man zu der Einsicht gekommen war, dass wir Menschen alle gleichen Wesens sind, alle teilhaben an dem Göttlichen, also zu dem Bewusstsein der Zusammengehörigkeit des ganzen Menschengeschlechts.“
— Ausserdem war es ein logischer Fehler Rousseaus, Natur und Kultur als Gegensätze anzusehen: „Eine absolute Grenze zwischen beiden besteht nicht; alles, wodurch der Mensch sich auch nur im geringsten Grade über seine natürliche Beschränktheit erhebt, ist ein Teilchen Kultur.“ (J. Lippert, Kulturgeschichte 1886, I, 3).
⁵) Tom. IV, 40 f.
⁶) Auch seine Stellung zur Kultur ändert sich. — Es ist ein häufig wahrzunehmender Mangel, dass man die hier stark hervortretende kulturfeindliche Gesinnung ohne weiteres als Rousseaus Meinung überhaupt

Wie nun in dieser ersten Abhandlung der Begriff der Natur schon eine wichtige Rolle spielt, so entgeht es dem prüfenden Blicke ebensowenig, dass alle diese Anschauungen und Ausführungen auf dem lebendigen Hintergrunde der Gesellschaft, freilich nur der Gesellschaft seiner Zeit und seiner Umgebung, erwachsen sind. In dem Gesellschaftsproblem, dem eigentlich centralen Problem Rousseaus[1]), ist im Grunde geradezu der tiefere Antrieb zu jener Abhandlung zu suchen[2]).

Dass Rousseau in der That von diesem Gesichtspunkte aus an die Lösung der Frage herantrat, bekundet er von vornherein. So erklärt er in der Vorrede, dass es sich bei dieser Frage „um eine von denjenigen Wahrheiten handele, an welchen das Glück des Menschengeschlechts hänge"[3]). Auch aus den von ihm selbst angegebenen Motiven, aus welchen ihm die Ermutigung zu jenem kühnen Schritte geflossen ist, lässt sich die nahe Beziehung zur Gesellschaft unschwer erkennen: Einmal gilt es nämlich, wie er sagt, die Tugend zu verteidigen[4]); offenbar, weil die ihn umgebende Gesellschaft aller Tugend entfremdet war, und zum andern ist es das Gefühl für Wahrheit und Recht, welches, da er es „in der Tiefe seines Herzens gefunden[5])," ihn mächtig hinreisst, seine Stimme zu erheben, unbekümmert um das Urteil der „Schöngeister und Modeleute"[6]), denen jedes Gefühl dafür abhanden gekommen zu sein schien[7]).

Dass ferner die ganze Abhandlung im Hinblicke auf das centrale Problem Rousseaus einen mehr vorbereitenden Charakter besass, das Gesellschaftsproblem in Wirklichkeit dicht dahinter stand und in ihr nur flüchtig berührt werden konnte, dafür bürgt eine Stelle aus Rousseaus zweitem Briefe an Malesherbes. Als er sich darin jener geistigen Aufwallung und völligen Umwandlung erinnert, die er in dem Augenblicke, als ihm im Mercure de France

---

betrachtet und dabei ausser acht lässt, dass seine Ansicht bez. der Kultur allmählich einen wesentlich andern Charakter annimmt.

[1]) Höffding, a. a. O., p. 47.
[2]) Ohne Zweifel gestattete ihm nur der Gegenstand der Frage nicht, das Gesellschaftsproblem direkt ins Auge zu fassen.
[3]) Tom. IV, 3.
[4]) Tom. IV, 5. — Cf. J. J. Rousseaus Beantwortung der Abhandlung über den Nutzen der Künste und Wissenschaften von H. Bordes: „Schliesslich erlaube man mir zu erklären, dass bloss Menschenliebe und Liebe zur Tugend mich bewogen haben, nicht länger zu schweigen, und dass der Kummer und der Abscheu, den ich gegen die Laster empfinde, wovon ich Zeuge bin, aus Mitleid gegen die Menschen und dem eifrigsten Verlangen, sie glücklicher zu sehen und besonders auch würdiger glücklicher zu werden, entstanden ist." (Philos. Werke, a. a. O., I, 186).
[5]) Tom. IV, 6.
[6]) Tom. IV, 5.
[7]) Mit besonderem Fleisse suchte er ja auch alle Nachteile hervor, welche Wissenschaft und Künste der Gesellschaft verursacht haben sollten. Siehe oben p. 11.

die Preisfrage zu Gesicht kam, erlebt, schreibt er[1]): „Hätte ich nur den vierten Teil von dem, was ich unter diesem Baume sah und fühlte, niederschreiben können, mit welcher Wahrheit würde ich die Widersprüche des sozialen Systems aufgedeckt, mit welcher Kraft alle Missbräuche unserer Institutionen nachgewiesen, mit welcher Einfachheit gezeigt haben, dass der Mensch von Natur gut ist[2]) und lediglich durch diese Institutionen schlecht wird."

Von diesem Zeitpunkte ab gährt und wühlt es nun jahrelang in seinem Innern[3]). Eines weiteren Anstosses bedarf es, und sein Gedankenstrom bricht wieder hervor. Die zweite Preisfrage[4]) derselben Akademie bot bald (1754) eine willkommene Gelegenheit, seine philosophischen Grundanschauungen deutlicher erkennen zu lassen.

Jener Drang nach Natur, der sich in der ersten Abhandlung ankündigte, gewinnt hier an Spielraum und Deutlichkeit. Wurde dort auf den „Naturzustand" nur flüchtig hingedeutet[5]), so verweilt er hier ausführlich und mit grösstem Wohlbehagen bei ihm. Dabei tritt zugleich das Bestreben klar hervor, an dem im Zustande der Natur lebenden Menschen die wahre Natur des Menschen zu erkennen, den Menschen „durch alle Wechsel, welche Zeit und Umstände in seiner ursprünglichen Konstitution hervorzubringen vermocht haben, so zu sehen, wie ihn die Natur gebildet hat, das, was zu seiner eigenen Wesenheit gehört, von dem zu sondern, was Umstände und Fortschritte hinzugefügt oder in ihrem ursprünglichen Zustande verändert haben"[6]).

Ohne uns indes jetzt bei den später mit in Betracht zu ziehenden Eigenschaften aufzuhalten, welche Rousseau hier der

---

[1]) Seconde lettre à M. de Malesherbes; tom. III, 197 f.
[2]) Wie seine beiden Discours bestätigen, ist gleich von Anfang an mit seinem masslosen gesellschaftlichen Pessimismus ein freundlicher Optimismus verbunden. Eine harmonistische und teleologische Weltanschauung — die sich in späteren Schriften deutlicher zu erkennen giebt — lässt ihn in jenem nicht ganz untergehen.
[3]) Tom. II, 124: „Mon sentimens se montèrent, avec la plus inconcevable, rapidité, au ton de mes idées. Toutes mes petites passions furent étouffées par l'enthousiasme de la vérité, de la liberté, de la vertu: et ce qu'il y a de plus étonnant est que cette effervescence se soutint dans mon coeur, durant plus de quatre ou cinq ans, à un aussi haut degré peutêtre qu'elle ait jamais été dans le coeur d'aucun autre homme." (Confess., livr. VIII).
[4]) „Discours sur l'origine et les fondements de l'inégalité parmi les hommes." Tom. IV, 201 ff.
[5]) Tom. IV, 30.
[6]) Tom. IV, 218. — Wohl bewusst ist er sich dabei, welch schwierige Aufgabe es ist, zu unterscheiden, „was es Ursprüngliches und Künstliches in der gegenwärtigen Natur des Menschen giebt und einen Zustand richtig zu erkennen, welcher nicht mehr vorkommt, der vielleicht niemals existiert hat und wahrscheinlich existieren wird, von dem man aber gleichwohl richtige Begriffe haben muss, um über unseren gegenwärtigen Zustand stichhaltige Urteile aufzustellen." (Tom. IV, 219).

Natur des Menschen im einzelnen zuschreibt, erinnern wir nur an jene für seinen Naturmenschen besonders charakteristische Stelle[1]): „Wenn ich nun dieses so eingerichtete Wesen aller übernatürlichen Gaben entkleide, welche es erhalten, und wenn ich ihm alle die künstlichen Fähigkeiten nehme, welche es nur durch lange Entwicklung erwerben konnte, wenn ich es mit einem Worte so anschaue, wie es aus den Händen der Natur hervorgehen musste: dann sehe ich in ihm ein Tier, schwächer als die einen, minder gewandt als die andern, jedoch im ganzen genommen am vortrefflichsten organisiert unter allen. Ich sehe, wie er sich sättigt unter einer Eiche, wie er am ersten besten Bache seinen Durst stillt, wie er sein Lager unter demselben Baume sucht, der ihm sein Mahl gewährte und so seine Bedürfnisse befriedigt sieht."

Diese Beziehung des Naturbegriffs auf die Natur des Menschen bezeichnet ohne Frage einen Fortschritt, welcher diesen Begriff erst pädagogisch fruchtbar werden lässt.

Wichtig ist ferner für unsere Aufgabe, dass hier das **Naturproblem in nächste Beziehung zum Gesellschaftsproblem gesetzt wird**[2]). Wurde in jener ersten Preisschrift der Begriff der Natur besonders im Gegensatze zu den Künsten und Wissenschaften geltend gemacht, so appelliert Rousseau hier an die Natur im Gegensatze zu den widernatürlichen gesellschaftlichen Einrichtungen. Während er nämlich dort die Künste und Wissenschaften als die Urheber aller Gebrechen und Laster brandmarkte, geht er hier dem Übel tiefer auf den Grund und findet, dass jene erst eine Folge der gesellschaftlichen Vereinigung der Menschen seien. Dementsprechend betrachtet er nun die Entstehung der Gesellschaft[3]) und die daraus hervorgehende Entwicklung der sozialen Unterschiede[4]) als die wahren Ursachen des moralischen Verfalls[5]).

---

[1]) Tom. IV, 232f. — Cf. auch tom. IV, 273.
[2]) „Cette même étude de l'homme originel, de se vrais besoins, et des principes fondamentaux de ses devoirs, est encore le seul bon moyen qu'on puisse employer pour lever ces foules de difficultés qui se présentent sur l'origine de l'inégalité morale, sur les vrais fondemens du corps politique, sur les droits réciproques de ses membres, et sur mille autre questions semblables, aussi importantes que mal éclaircies." Tom. IV, 223. (Préface).
[3]) Tom. IV, pp. 246ff, 271, 289, 311f, 326f.
[4]) Tom. IV, pp. 274, 280ff, 287, 301.
[5]) Tom. IV, 278, 246 ff. — Dabei übersieht Rousseau in seinem Pessimismus, der hier den höchsten Grad erreicht, ganz, dass die Civilisation — ähnlich wie die Künste und Wissenschaften — neben ihren Schattenseiten auch bedeutende sittliche Vorteile mit sich bringt. — Cf. Paulsen, System der Ethik, a. a. O., I, 287; ebenso Wundt, a. a. O., p. 217 ff: Die Kultur und die Sittlichkeit, und p. 225f: Die sittlichen Vorteile und Nachteile der Kultur. — Übrigens muss man bei Rousseaus Polemik immer im Auge behalten, dass sich sein Hass nicht gegen die Gesellschaft und Kultur überhaupt — obschon beide nach seiner Ansicht nur Übel, wenn auch notwendige sind (Hettner, a. a. O.,

Sein Protest, der früher gegen die Kultur des Geistes gerichtet war, wendet sich somit jetzt gegen die Civilisation, die wie jene nach ihm nicht in der Natur des Menschen begründet liegt[1]). Zur näheren Charakterisierung seiner Anschauungen hält er dem der Natur entfremdeten Menschen der Gesellschaft den Menschen im Naturzustande gegenüber. Wie grell er diesen Gegensatz beleuchtet, mag folgende Stelle zeigen: „Der Naturmensch und der civilisierte Mensch unterscheiden sich derart im Grunde ihres Herzens und ihrer Neigungen, dass das, was des einen höchstes Glück ausmacht, den anderen in Verzweiflung bringt[2]). Der erstere strebt nur nach Ruhe und Freiheit, er wünscht nur zu leben und mässig zu sein und selbst die Seelenruhe des Stoikers kommt seiner tiefen Gleichgültigkeit gegen jeden anderen Gegenstand nicht gleich. Der immer thätige Bürger dagegen arbeitet im Schweisse seines Angesichts, sorgt und quält sich unaufhörlich ab, um noch mühevollere Beschäftigung zu erlangen; er arbeitet bis zum Tode und trotzt sogar demselben, um sich in den Stand zu setzen, zu leben, oder er verzichtet auf das Leben, um die Unsterblichkeit zu erwerben"[3]).

---

5. Aufl., II, 461) — sondern nur gegen die der Natur völlig entfremdete Gesellschaft und Kultur richtet. — Cf. J. J. Rousseaus Beantwortung der Abhandlung über den Nutzen der Künste und Wissenschaften von H. Bordes: „Ich habe schon gesagt, dass ich nicht verlange, dass die Gesellschaft zerstört werde, dass man die Bibliotheken und alle Bücher verbrenne, die Akademien und Schulen einziehen müsse etc." — (Philos. Werke. a. a. O., I, 184).

[1]) Tom. IV, pp. 259, 261, 276, 289f: „L'exemple de sauvages, qu'on a presque tous trouvés à ce point, semble confirmer que le genre humain étoit fait pour y rester toujours, que cet état est la véritable jeunesse du monde, et que tous les progrès ultérieurs ont été, en apparence, autant de pas vers la perfection de l'individu, et, en effet vers la décrépitude de l'espèce."

[2]) Wie wir später einer anderen Auffassung des Verhältnisses von Kultur und Natur bei Rousseau begegnen werden, so werden wir auch eine Veränderung in seiner Auffassung des Verhältnisses zwischen dem Naturzustande und dem sozialen Zustande beobachten können.

[3]) Tom. IV, 325. — IV, 240: „Gardons-nous donc de confondre l'homme sauvage aves les hommes que nous avons sous les yeux. Le cheval, le chat, le taureau, l'âne même, ont la plupart une taille plus haute, tous une constitution plus robuste, plus de vigueur, de force et de courage dans les forêts que dans nos maisons: ils perdent la moitié de ces avantages en devenant domestiques, et l'on diroit que tous nos soins à bien traiter et nourrir ces animaux n'aboutissent qu'à les abâtardir. Il en est ainsi de l'homme même: en devenant sociable et esclave il devient foible, craintif, rampant; et sa manière de vivre molle et efféminée achève d'énerver à la fois sa force et son courage. Ajoutons qu'entre les conditions sauvage et domestique la différence d'homme à homme doit être plus grande encore que celle de bête à bête: car l'animal et l'homme ayant été traités également par la nature, toutes les commodités que l'homme se donne de plus qu'aux animaux qu'il apprivoise sont autant de causes particulières qui le font dégénérer plus sensiblement "

Indem nun Rousseau in so drastischer Weise den Gegensatz zwischen kultivierter Gesellschaft und der Natur des Menschen gezeichnet hatte, war er damit seinem Hauptproblem immer näher getreten: Hatte er bisher die Schäden und Gebrechen der von ihm verhassten, bis auf den Grund verderbten Gesellschaft schonungslos aufgedeckt und bis in ihre tiefsten Wurzeln verfolgt, so drängte sich ihm nun die gewaltige Aufgabe auf, dieser Gesellschaft, deren Abgrund er vor Augen sah, zu helfen. Ein unmittelbares, tiefes Gefühl, verbunden mit der heissesten Liebe zur erbarmungswürdigen Menschheit, liess ihn, dessen Wort blitzartig gezündet und dessen Name mit einem Schlage zu Bedeutung gelangt war, hierzu ganz besonders berufen erscheinen; und diese Selbstgewissheit, dieses Bewusst- und Deutlichwerden seiner Lebensaufgabe flösste ihm zugleich die dazu erforderliche Kraft und Begeisterung ein.

Wie war nun diese Aufgabe, dieses erhabene Problem zu lösen?

Seine früheren Forschungen hatten ihm gezeigt, dass die Verderbtheit gleichen Schritt hielt mit der Entfernung der Kultur und Gesellschaft von der Natur. Folgerichtig erkannte er daraus in der Umkehr zur Natur das einzige Heilmittel. Eine völlige Rückkehr in den Naturzustand paradiesischen Glücks war nun unter den Verhältnissen seiner Zeit schlechterdings nicht möglich. Sein Bestreben konnte darum nur dahin gehen, die Menschheit aus den Fesseln der Konvenienz, Verschrobenheit und Künstlichkeit zu befreien und in Bahnen zu lenken, welche sich jenem Naturzustande am meisten näherten, der Natur des Menschen am besten entsprachen. Dieser hohe und ernste Grundgedanke: Der Menschheit auf dem Wege der Naturgemässheit zu Glück und Freiheit zu verhelfen, — nachdem er einmal Zusammenhang und feste Gestalt und den Grad unumstösslicher Gewissheit und felsenfester Überzeugung in ihm gewonnen hatte — zieht sich fortan [1]) durch sein gesamtes Empfinden, Denken und Wirken hindurch [2]).

Angesichts der allgemeinen Verkommenheit der damaligen Zustände schien ihm nun eine derartige universelle Reform auf der Grundlage des Bestehenden unmöglich. Sollte der Menschheit

---

[1]) Die teils durch Intuition, teils durch philosophische Reflexion in ihm entstandenen, mit dem Enthusiasmus für Natur und Naturgemässheit aufs innigste verbundenen sozialen Ideen werden geradezu sein ganzes Streben beherrschende Begriffe: Sie waren massgebend, als er im Contrat sozial (tom. V, 107 ff.) sein politisches Ideal entrollte, sie wirkten bestimmend, als er in der Nouvelle Héloïse (tom. VI und VII) in der Welt der Phantasie sein Ideal zu verwirklichen suchte; sie gewannen aber ganz besonders prinzipielle Bedeutung, als er im Gebiete der Erziehung den wirksamen Angriffspunkt zur Verbesserung der Menschheit erblickte.

[2]) Hettner, a. a. O. 440.

geholfen werden, so galt es, glaubte er, eine neue Lebensgrundlage zu schaffen[1]). Nichts war nun natürlicher, als dass er das aus solchen Erwägungen hervorgewachsene Ideal einer auf neuer Grundlage beruhenden Gesellschaft an dem heranwachsenden Geschlechte am zweckmässigsten zu verwirklichen bestrebt sein musste. So wies ihn also das Gesellschaftsproblem auf das Gebiet der Erziehung[2]), das Prinzip der Naturgemässheit, zu welchem jene sozialpolitischen Betrachtungen geführt, musste notwendig auch für seine Pädagogik grundlegende Bedeutung gewinnen.

So zeigt sich, dass seine **sozialistischen Bestrebungen mit seinen pädagogischen nicht nur in nächster Beziehung stehen, sondern dass beide geradezu den Mittelpunkt seiner Lebensaufgabe bilden**[3]).

Dieses Verhältnis aber nötigt zu wechselseitiger Betrachtung. Wenn Jürgen Bona Meyer zeigt[4]), dass man den sozialpolitischen Bestrebungen Rousseaus nicht gerecht werden kann, ohne auf seine pädagogische Bedeutung Rücksicht zu nehmen, so gilt mit gleichem Rechte, dass man den eigenartigen Charakter und die universelle Bedeutung seiner Pädagogik verkennt, falls man dabei das Augenmerk nicht auch auf seine hohen sozialen Ideen lenkt.

Waren beide Ideale, das Gesellschaftsideal sowohl als das Naturideal, einerseits aus der allgemeinen Strömung seiner Zeit hervorgewachsen und hatten sie diese zu ihrem nächsten Beziehungspunkte, so waren beide andererseits der Verbesserung jener unnatürlichen staatlichen und sozialen Zustände, einer „Erneuerung des Menschengeschlechtes"[5]), gewidmet[6]). **Ihr allgemeines Ver-**

---

[1]) Brockerhoff, a. a. O. 785.
[2]) „In einem andern Erziehungssystem musste Rousseau seiner ganzen inneren Entwicklung nach jenes gründliche Heilmittel erblicken, dessen seine Zeit bedurfte; und so verwandelte sich ihm die Frage, auf welche Weise und durch welche Mittel die herrschenden Sitten und Zustände am gründlichsten verbessert werden könnten, in die Frage nach einer besseren Erziehung." Vogt, a. a. O. II, 525. — In ganz analoger Weise war auch die Pädagogik Pestalozzis aus seinem sozialpolitischen Wirken hervorgegangen. (Cf. Köhler, Die sozialpolitischen Grundlagen der Pädagogik Pestalozzis, Programm Strassburg 1879; p. 5.) — Pestalozzi war, wie Schneider in seinem schönen Vergleiche zeigt (a. a. O. 61), gleich Rousseau Optimist und Idealist und gleich ihm bestrebt, seine sozialen Ideale auf dem Wege der Erziehung durchzuführen.
[3]) „Da vermöge seiner hauptsächlichen Denkrichtung, welche die Verbesserung der bestehenden Zustände sich vorgesetzt hatte, die politischen und pädagogischen Schriften die bedeutendsten und berühmtesten sind, welche Rousseau geschrieben hat, so ist es auch vor allem die Geschichte der Politik und der Pädagogik, in welcher er einen hervorragenden Platz einnimmt." (Vogt, a. a. O. II, 434.)
[4]) J. B. Meyer, a. a. O. 105 ff.
[5]) E. v. Sallwürk, Anhänge zur Émile-Übersetzung. Langensalza 1876/1878. (Beyers Bibl. pädag. Klassiker,) II, p. 381.
[6]) Die gesellschaftlichen Zustände waren also nicht nur die Ver-

hältnis innerhalb seiner Pädagogik lässt sich auf Grund vorangegangener Erörterung schon jetzt dahin bestimmen, dass das Gesellschaftsideal den höchsten Gesichtspunkt, das letzte Ziel, bilden wird, während dem Naturprinzipe die Aufgabe zufallen muss, für die Verwirklichung jenes vorzugsweise eine neue Grundlage sowie die zweckmässigsten Mittel zu zeigen.

Wenden wir uns nach dieser allgemeinern Betrachtung der Entstehung sowie des damit nahe zusammenhängenden Verhältnisses beider Probleme nun der Einzelbetrachtung derselben, und zwar zunächst der des Naturprinzips, in folgendem zu.

anlassung, der Ausgangspunkt für Rousseaus öffentliche Wirksamkeit, sondern ihre Reform bildete auch das letzte und höchste Ziel seines ganzen Strebens.

A.

Das Naturprinzip in Rousseaus Pädagogik.

I.

Anthropologische Bedeutung des Rousseauschen Naturbegriffes auf pädagogischem Gebiete.

Nachdem wir den Ursprung des Rousseauschen Naturbegriffes in seiner philosophischen Reflexion gefunden und schon eine wichtige Wandelung in seiner Entwicklung bemerkten, gilt es nun zuzusehen, welche weitere Modifikation dieser sein ganzes Streben beherrschende Begriff auf dem Gebiete der Erziehung von ihm erfährt.

Wie auf philosophischem und sozialpolitischem Gebiete, so war auch auf pädagogischem der Ruf nach Natur keineswegs neu. Da seine Geltendmachung von Rousseau vielmehr nur eins der vielen Stadien bedeutet, welche das Naturproblem in seiner geschichtlichen Entwicklung in der Pädagogik durchlaufen, so wird es zweckmässig sein, jener vor ihm bemerkenswerten Anläufe kurz zu gedenken. Ein historischer Rückblick wird ausser den Berührungspunkten mit seinen Vorgängern auch das Eigenartige und Neue seines Naturbegriffes um so deutlicher erkennen lassen.

An den verschiedensten Orten und zu den verschiedensten Zeiten ist in der Pädagogik die Sehnsucht nach Natur erwacht und die Forderung der Naturgemässheit geltend gemacht worden. Schon aus humanistischen Kreisen heraus erklingen vereinzelte Stimmen. Ein Joh. Ludw. Vives, dessen Pädagogik hinsichtlich ihrer philosophischen Durchbildung die pädagogischen Leistungen seiner Zeitgenossen bei weitem überragt, macht in seinem Hauptwerke „de disciplinis", besonders im zweiten Teile („de tradendis disciplinis"), gegenüber dem allgemein herrschenden pedantischen, mechanisch-formalistischen Schulbetriebe beachtenswerte Vorschläge für ein naturgemässeres Lehrverfahren[1]). Ein François Rabelais[2]), der auch noch zum Teil die Anschauungsweise des Humanismus teilt, kämpft in seinem Roman „Gargantua und Pantagruel" mit den Waffen der Satire gegen die Unnatur, bis zu welcher sich die Erziehung seiner Zeit verirrt hatte[3]). Positiv stellt sodann die Forderung der Naturgemässheit Michel de Montaigne in seinen Essays, besonders im 24. und 25. Kapitel derselben, auf[4]). „Das Kind muss naturgemäss, d. h. nach seinen natürlichen Anlagen und Neigungen erzogen werden", lautet dort z. B. einer seiner bekanntesten und wichtigsten Grundsätze. Als einer der ersten unter den Deutschen, welcher im Gegensatze zur Verschrobenheit und Schrullenhaftigkeit der Erziehung auf die Natur und Natürlichkeit hinweist, ist Johann Fischart[5]) zu nennen. Sein „Ehezuchtbüchlein", sowie seine „Anmahnung zu christlicher Kinderzucht" verraten in dieser Hinsicht offenen Blick und natürlichen Verstand.

Im 17. Jahrhunderte mehren und verstärken sich die Stimmen, welche die Erziehung immer ernster an die Forderung der Naturgemässheit gemahnen. Wie sich aus den Anklagen eines Valentin Andreä und Balthasar Schupp die Sehnsucht nach Natur und Wahrheit, nach freier und naturvoller Menschlichkeit, mehr versteckt zu erkennen giebt, tritt uns das Losungswort bei Wolfgang Ratke deutlich ausgesprochen entgegen. „Alles nach Ordnung und Lauf der Natur" heisst der erste Fundamentalsatz seiner Pädagogik. Indem hier zum ersten Male mit vollem Bewusstsein der Hinweis auf die Natur als grosse Führerin im Gebiete der Pädagogik geschieht, wird der Begriff der Natur in einem sehr weiten Sinne gefasst, sodass fast alle Einzelforderungen seiner Pädagogik in jenem obersten Grundsatze inbegriffen scheinen. Ein Blick auf seine Pädagogik ergiebt, dass er bei seinem Losungsworte vor allem an eine möglichst zwanglose, ungekünstelte Entwickelung der menschlichen Anlagen und Fähigkeiten denkt[6]).

---

[1]) Vives, Ausgewählte pädagogische Schriften. Übersetzt und mit Einleitung und Anmerkungen versehen von R. Heine (Richters pädagogische Bibliothek.) — A. Lange in Schmids Encyklop., 2. Aufl. IX, 776 ff. — Überweg-Heinze, a. a. O. III, 1, 33 f.
[2]) Fr. Rabelais, Gedanken über Erziehung und Unterricht aus seinem Gargantua und Pantagruel von F. A. Arnstädt. (Richters pädagogische Bibliothek.)
[3]) Auch bei Petrus Ramus macht sich das Naturprinzip geltend. (Siehe H. Kämmel in Schmids Encyklopädie, 2. Auflage VI, 594 ff.)
[4]) Essays von Mich. de Montaigne. Ins Deutsche übertragen von W. Dyhrenfurht. — Cf. Überweg-Heinze, a. a. O. III, 1. 20. — Schiller in Schmids Encyklopädie, 2. Auflage IV, 1094 ff.
[5]) Mäder, Die pädagogische Bedeutung Fischarts. Dissertation Leipzig 1893.
[6]) Christoph, Wolfgang Ratkes pädagogisches Verdienst. Dissertation Leipzig 1892.

Leitendes Motiv ist die Idee der Naturgemässheit in ausgesprochenem Sinne ferner bei Joh. Amos Comenius[1]). In doppelter Bedeutung tritt bei ihm das Naturprinzip zur Erscheinung. Oft versteht er unter Natur wie seine Vorgänger Andreä und Ratke die Natur des Menschen. Diese ist nach seiner Anschauung harmonistisch und optimistisch angelegt. Charakteristischer aber ist für Comenius jene zweite Bedeutung, nach welcher er unter Natur die äussere versteht. Diese objektive Natur im weitesten Sinne preist er als grosse pädagogische Lehrmeisterin, welche mittels Analogie nachgeahmt werden soll[2]). Weniger enthusiastisch, aber immerhin bedeutsam klingt dieses Losungswort auch durch die Pädagogik John Lockes[3]), auf dessen Schultern Rousseau steht[4]).

Zu einem fruchtbaren, die ganze Erziehung beherrschenden Prinzip hat erst Rousseau, wenn auch eigenartig, das Prinzip der Naturgemässheit aufgestellt.

Was versteht Rousseau in seiner Pädagogik unter „Natur"?

Wie wir sahen, war dieser Begriff, als er uns das erste Mal in allgemeinster Fassung entgegentrat, ein vorwiegend theologischer Begriff, insofern nämlich als Rousseau der zum Schöpfer, der „ewigen Weisheit", in nächster Beziehung stehenden Natur das Merkmal ursprünglicher Güte, Tugendhaftigkeit und Harmonie zuschrieb. In dem zweiten Entwicklungsstadium, in welchem der Begriff Natur vor allem auf jenen „primitiven Zustand" vor aller Civilisation und Kultur bezogen wurde, nahm er im wesentlichen eine naturhistorische Färbung an, wobei die frühere theologische Anschauung noch ziemlich stark hindurchblickte. Auf pädagogischem Gebiete nun lässt Rousseau das fingierte Bild des Naturzustandes fallen und begiebt sich in die lebensvolle Gegenwart. Jetzt ist es nicht mehr die Natur des Urmenschen, die Natur jener frühesten

---

[1]) Baur in Schmids Encyklopädie, 2. Auflage I, 942 ff. — A. Nebe in Reins encyklopädischem Handbuche der Pädagogik I, 558 ff.
[2]) Da sein Prinzip der Naturgemässheit an Universalität dem stoischen Begriffe der Naturgemässheit gleicht, so sind subjektive Menschennatur und objektive Natur keine Gegensätze. (Hähner, Natur und Naturgemässheit bei Comenius und Pestalozzi. Dissertation Leipzig 1890. p. 15.)
[3]) J. Gavanescul, Versuch einer zusammenfassenden Darstellung der pädagogischen Ansichten Lockes in ihrem Zusammenhange mit seinem philosophischen System. 1887.
[4]) Das Verhältnis Rousseaus zu Locke hinsichtlich der Anwendung des Naturprinzips kennzeichnet Höffding, a. a. O. 147, folgendermassen: Was Locke als etwas hervorhebt, worauf auch Rücksicht genommen werden müsse, das legt Rousseau von Anfang an zu Grunde; und was nach Locke oft gilt, ist bei Rousseau das einzige, was man vernünftiger Weise erzielen könne. Rousseau hat tiefer gegraben, wenngleich Locke ihm gezeigt hatte, wo er graben solle.

Menschen und menschlichen Zuständen[1]), der er nachspürt und die er phantasievoll zeichnet, sondern die Natur des Menschen der Gegenwart, welche er, obschon beeinflusst von jenen theologischen und naturhistorischen Anschauungen, auf dem Wege der Beobachtung erforschen und nach welcher er seine Erziehung einrichten will. Diese spezielle Beziehung des Begriffes auf die Natur des Menschen ist die letzte Wandlung des Problems[2]). In dieser **subjektiven, anthropologischen Bedeutung** wird der Naturbegriff in seiner Pädagogik prinzipiell festgehalten. Für eine Untersuchung des Naturprinzips auf diesem Gebiete erwächst demnach die Aufgabe, zunächst über die für dasselbe grundlegenden Anschauungen Rousseaus bezüglich der Natur des Menschen, besonders der Natur des Kindes, Klarheit zu gewinnen.

Dieser Aufgabe soll der folgende Abschnitt gewidmet sein.

II.
Rousseaus Anschauungen über die Menschennatur.

Um über die philosophischen Grundanschauungen der Rousseauschen Pädagogik ein klares Verständnis zu gewinnen, wird es nötig sein, sich dieselben erstlich nach ihrem Umfange in zusammenhängender Weise zu vergegenwärtigen. Eine weitere Aufgabe wird alsdann die sein, diese zunächst rein sachlich dargestellten Anschauungen einer kurzen Kritik zu unterwerfen.

Versuchen wir also zunächst seine Anschauungen über die Menschennatur darzustellen.

„Der Mensch ist kein einfaches Wesen; er besteht aus zwei Substanzen" schreibt Rousseau[3]) an den Erzbischof von Beaumont. Dieser dualistischen Auffassung zufolge unterscheidet er eine physische und eine psychische Seite in der Natur des Menschen. **Welche Anschauung hat Rousseau über die physische Natur?**

Der Körper besteht aus materieller Substanz. Da nun „kein materielles Wesen durch sich selbst thätig ist"[4]), so ist der Körper

---

[1]) In der geringen Beachtung, bez. gänzlichen Ausserachtlassung dieses Fortschrittes wurzeln alle jene irrtümlichen Anschauungen, nach welchen Rousseau seine Zöglinge zu einem reinen Natur- oder Urmenschen, zu einem Wilden, habe erziehen wollen.
[2]) Sie zeigte sich bereits im 2. Disc. in ihren Anfängen.
[3]) Philos. Werke, a. a. O., I, 224 (tom. X, 3 ff.). — Cf. auch Émile, tom. IX, 51.
[4]) Tom. IX, 44.

an sich betrachtet passiv und tot[1]). Durch Auflösung der materiellen Substanz nützt er sich ab und zerstört sich[2]). Seiner allgemeinen harmonistischen[3]) und teleologischen[4]) Weltanschauung entsprechend ist der ganze Mensch, also auch seine physische Natur, gut, d. h. zweckmässig[5]) aus den Händen des Urhebers hervorgegangen[6]). Der Körper des Menschen ist ebenso vervollkommnungs- und entwicklungsfähig[7]) wie dies später von seiner geistigen Natur gezeigt werden soll. Seine Entwicklung erfolgt allmählich und stufenweise[8]). Sie durchläuft im allgemeinen drei verschiedene Stadien: Während „die ganze erste Periode des Lebens bis zum Jünglingsalter eine Zeit der Schwäche"[9]), oder wie es an anderer Stelle heisst, „ein Zustand der Schwäche und Unzulänglichkeit" ist[10]), tritt der sich entwickelnde Körper alsdann in das „Stadium der Kraft und Stärke"[11] (12. bis 15. Jahr). In ihm hat er mehr Kraft als er braucht[12]). „Es ist dies die einzige Zeit des Lebens, wo dies der Fall ist." Diesem Studium folgt als drittes „das Alter der Mannbarkeit"[13]).

Ungemein zahlreich sind nun seine einzelnen Äusserungen, welche er über die Beschaffenheit und Entwicklung der physischen Menschennatur macht[14]). Er beobachtet u. a., welche Gestalt und Fähigkeit die einzelnen Teile des Körpers während ihrer Entwicklung annehmen[15]); er achtet auf den sich verändernden Ausdruck,

---

[1]) Tom. IX, 52.
[2]) Tom. IX, 52.
[3]) Tom. IX, 41: „Le tableau de la nature ne m'offroit qu'harmonie et proportions." — Cf. auch IX, pp. 49, 51, 87.
[4]) Confess., partie II, livr. VIII; tom. II, 195 und tom. IX, 54.
[5]) Tom. VIII, pp. 32, 73.
[6]) Rousseau verbindet mit dem Begriffe „gut" einen verschiedenen Sinn. Wenn er diesen Begriff in der bekannten Eingangsstelle des Émile: „Alles ist gut, wie es aus d. H." etc. und auch sonst auf alles Geschaffene, z. B. auf Bäume, Acker, Klima, Jahreszeiten, Pferde etc. bezieht und alsdann behauptet, dass dieses alles durch das Eingreifen des Menschen entstellt, umgekehrt, aus seiner Art gedrängt worden sei, so verbindet er damit offenbar den allgemeineren Sinn: natürlich gut, zweckvoll, seiner Bestimmung entsprechend. Ausser in dieser allgemeinen Bedeutung, die stark an seine teleologische Weltanschauung erinnert, gebraucht Rousseau den Begriff aber auch in der engern von: moralisch gut, die gleichfalls mit seiner harmonistischen Weltauffassung im nahem Zusammenhange steht: Entwickelt sich nämlich der zweckmässig geschaffene Mensch seiner Bestimmung gemäss, dann wird er moralisch gut.
[7]) Tom. VIII, 317. — [8]) VIII, 437. — [9]) VIII, 312. — [10]) VIII, 318, 86. — [11]) VIII, 318. — [12]) VIII, 313. — [13]) VIII, 312.
[14]) Tom. VIII, 44: „Un enfant supportera des changemens que ne supporteroit pas un homme: les fibres du premier, molles et flexibles, prennent sans effort le pli qu'on leur donne; celles de l'homme, plus endurcies, ne changent plus qu'avec violence le pli qu'elles ont reçu."
[15]) Tom. VIII, 273, 511, 73: „Durch fleissiges Baden lässt sich das Muskelgewebe elastischer machen und es befähigen, ohne Anstrengung und Gefahr sich den verschiedensten Graden von Hitze und Kälte zu fügen."

welchen das Gesicht nach und nach gewinnt;[1]) er widmet seine Aufmerksamkeit den Organen der Sinne[2]); sogar auf Nahrung[3]) und Kleidung[4]) erstrecken sich seine Betrachtungen. Diesen Beobachtungen, insoweit sie die physische Natur des Menschen an sich betreffen, indessen im einzelnen weiter nachzugehen, ist für seine Pädagogik von geringem Belang. Der Umstand, dass die physische Natur überhaupt sorgfältig belauscht und studiert wird, lässt schon erwarten, dass eine Pädagogik, welche auf anthropologischer Grundlage errichtet werden soll, dieser Seite des Menschen die ihr zukommende Berücksichtigung widerfahren lassen wird.

Bedeutsamer als diese Anschauungen über die physische Natur des Menschen sind nun für die Pädagogik seine **Ansichten über das Verhältnis der physischen Natur zur psychischen.** Letztere ist jener ihrem Wesen nach völlig entgegengesetzt. War der Körper ein materielles Wesen und als solches passiv und sterblich, so ist die Seele immaterielle Substanz, Lebensprinzip, und unsterblich[5]). Körper und Seele „befinden sich, da sie so verschiedener Natur sind, während ihrer Vereinigung in einem gewaltsamen Zustande und beide kehren, wenn dieselbe aufhört, wieder in ihren natürlichen Zustand zurück. Die thätige und lebendige Substanz gewinnt alle Kräfte wieder, die sie anwendete, um die leidende und tote Substanz in Bewegung zu setzen"[6]). Demzufolge behauptet er, „dass der Mensch während seines Lebens nur halb lebt und dass das Leben der Seele erst mit dem Tode des Körpers beginnt"[7]).

Trotzdem Rousseau, wie aus diesen Äusserungen zu ersehen ist, Seele und Leib als wesentlich verschiedene Teile der Menschennatur auffasst und ihre Vereinigung als eine unnatürliche, gewaltsame betrachtet, verkennt er doch auch andererseits nicht die nahe Beziehung[8]), welche zwischen ihnen während ihrer Vereinigung obwaltet. Ja, es scheint, als käme es ihm ganz besonders darauf an, die Abhängigkeit der geistigen Entwicklung von der körperlichen so stark als möglich zu betonen. So sagt er z. B. „Allein, ich halte es nicht für angemessen, hier Abhandlungen über Meta-

---

[1]) Tom. IX, 260; VIII, 417 f.; 459 f.
[2]) Tom. VIII, 240 ff.; 277; 105: „On remarque, il est vrai, que ceux qui commencent à parler fort tard ne parlent jamais si distinctement que les autres; mais ce n'est pas parce qu'ils ont parlé tard que l'organe reste embarrassé, c'est au contraire parce qu'ils sont nés avec un organe embarrassé qu'ils commencent tard à parler."
[3]) Tom. VIII, 37 f., 66 f., 96 f., 229 f., 282, 285 f., 288 ff.
[4]) Tom. VIII, 74; VIII, 224, 227 f.
[5]) Tom. IX, 51, 52: „La substance **active et vivante** regagne toute la force qu'elle employoit á mouvoir la substance passive et morte."
[6]) Tom. IX, 52.
[7]) Tom. IX, 52.
[8]) Tom. VIII, 92: „L'âme et le corps se mettent, pour ainsi dire, en équilibre" — durch allmähliches Wachstum nämlich.

physik und Moral oder Lehrgänge für irgend ein Studium zu entwerfen; es genügt mir die Aufeinanderfolge und den Fortschritt unserer Gefühle und unserer Kenntnisse im Verhältnis zu unserer körperlichen Entwicklung darzulegen[1]). Es ist ein beklagenswerter Irrtum, sich einzubilden, die Übung des Körpers schade der Thätigkeit des Geistes, als ob nicht beide Thätigkeiten nebeneinander hergehen müssten und nicht eine die andere zu leiten hätte"[2]). Kaum widmet er sich daher der Betrachtung der physischen Natur nach irgend einer Seite, so wird gleich die Frage aufgeworfen: „Allein, soll diese Frage nur in Bezug auf die physische Seite betrachtet werden[3])?" Überall fast gilt bei ihm: „In dieser Beziehung nur auf das Physische Rücksicht nehmen, heisst den Gegenstand nur zur Hälfte in Betracht ziehen"[4]).

Als eine bezeichnende Stelle dafür, welche hohe Bedeutung er der physischen Natur in Bezug auf die psychische beilegt, führen wir schliesslich die folgende an: „Wer eine Kunst üben will, muss damit anfangen, dass er sich die nötigen Werkzeuge verschafft, und um diese Werkzeuge mit Nutzen gebrauchen zu können, müssen sie so dauerhaft gemacht werden, dass sie den Gebrauch aushalten. Demnach müssen wir auch, um denken zu lernen, unsere Glieder, unsere Sinne, unsere Organe üben, welche die Werkzeuge unseres Geistes sind, und um den grösstmöglichen Nutzen aus ihnen zu ziehen, muss der Körper, der sie darbietet, kräftig und gesund sein. Weit entfernt also, dass die wahre Vernunft des Menschen sich unabhängig von dem Körper ausbildete, ist es vielmehr die gute Konstitution des Körpers, welche die Operationen des Geistes leicht und sicher macht"[5]).

Aus diesen Äusserungen geht zur Genüge hervor, dass Rousseau nicht nur der Erforschung der physischen Natur als solcher sein Interesse zugewandt hat, sondern dass er sich auch über ihr Verhältnis zur psychischen Klarheit verschafft hat und erstere in ihrer Bedeutung für letztere in bemerkenswerter Weise zu würdigen versteht[6]).

Führen wir uns nun Rousseaus Anschauungen über die geistige Natur des Kindes, bez. des Menschen vor!

Die Beschaffenheit, welche das Kind seiner geistigen Natur

---

[1]) Tom. VIII, 471f.
[2]) Tom. VIII, 205.
[3]) Tom. VIII, 38.
[4]) Tom. VIII, 67.
[5]) Tom. VIII, 222; VIII, 34: „Une contrainte si cruelle pourroitelle ne pas influer sur leur humeur ainsi que sur leur tempérament?"
[6]) Tom. VIII, 59: „Un corps débile affoibit l'âme." — VIII, 132: „Si le physique va trop bien, le moral se corrompt". — Als beachtenswerte Stellen für seine Ansicht innigster Wechselbeziehung zwischen körperlicher und geistiger Natur verweisen wir noch auf folgende: VIII, 76; 91; 317; 459; IX, 220; 226 und IX, 260.

nach bei der Geburt aufweist und den Ausgangspunkt seiner Entwicklung bildet, beschreibt er wiederholt und genau. So äussert er sich hierüber an einer Stelle: „Wir werden mit der Fähigkeit zu empfinden geboren und von unserer Geburt an empfangen wir verschiedenartige Eindrücke von den uns umgebenden Dingen" [1]). Genauer schildert er diesen ersten Zustand, wenn er sagt: „Wir werden mit der Fähigkeit zu lernen, aber unwissend, ohne jede Erkenntnis geboren. Der an unvollkommene und unausgebildete Organe gefesselten Seele fehlt selbst das Bewusstsein ihres eigenen Daseins[2]). Wie wenig man auch über die gesetzmässige Entwicklung unserer Erkenntnis nachgedacht habe, so kann man doch nicht leugnen, dass dieser ursprüngliche Zustand der Ungewissheit und Denkunfähigkeit der natürliche Zustand des Menschen sei, ehe er durch die Erfahrung oder durch andere Menschen etwas gelernt hat[3])".

Wenn man aus diesen Auslassungen schliessen wollte, dass Rousseau, wie es den Anschein hat, alle Erkenntnis aus Erfahrung und Umgang ableite, so würde dies ein voreiliger und unzutreffender Schluss sein. Für die Klarstellung dieses für seine ganze Psychologie wichtigen Verhältnisses ist vielmehr zur Ergänzung folgende Stelle notwendig herbeizuziehen. „Es liegt, sagt er, in der Tiefe der Seele ein angeborenes Prinzip der Gerechtigkeit und Tugend, nach welcher wir, unseren eigenen Grundsätzen zum Trotz, unsere und anderer Handlungen als gut und böse beurteilen, und diesem Prinzip gebe ich den Namen Gewissen"[4]).

Halten wir dieses Geständnis jenen Äusserungen gegenüber, so ergiebt sich, dass Rousseau nur die theoretische Erkenntnis aus der Erfahrung ableitet; die moralische Erkenntnis hat dagegegen ihre Quelle im Gewissen, dem „göttlichen Instinkte", dem „untrüglichen Richter über Gutes und Böses"[5]).

Wie denkt sich nun Rousseau die Entstehung der Erkenntnis aus der Erfahrung?

„Die ersten Vermögen (Fähigkeiten), die sich in uns entwickeln und vervollkommnen, sind die Sinne.[6]) Am Anfange des Lebens ist das Kind nur auf das aufmerksam, was augen-

---

[1]) Tom. VIII, 23 f.
[2]) Tom. VIII, 76. — VIII, 111: „C'est à ce second degré (2. Jahr) que commence proprement la vie de l'induvidu, c'est alors qu'il prend la conscience de lui-même."
[3]) Tom. VIII, 78.
[4]) Tom. IX, 289; VIII, 87: „Wenn ich vorher daran gezweifelt hätte, dass das Gefühl für Gerechtigkeit und Ungerechtigkeit dem Menschen angeboren — dieses eine Beispiel (des von der Amme unschuldig geschlagenen Kindes) würde mich überzeugt haben."
[5]) Tom. IX, 69.
[6]) Tom. VIII, 238.

blicklich seine Sinne reizt"[1]). Infolge dieser Reizungen erzeugen die Sinne in dem Geiste des Kindes „Bilder" oder „Vorstellungen" (images)[2]) von den Gegenständen der Aussenwelt. „Seine Sinneseindrücke[3]) bilden das erste Material seiner Kenntnisse"[4]). Da nun „alles, was in den Verstand des Menschen kommt, durch die Sinne hineinkommt, so ist die erste Erkenntnis des Menschen Sinnenerkenntnis (raison sensitive). Sie dient der geistigen Erkenntnis (raison intellectuelle) zur Grundlage"[5]).

Nicht uninteressant sind viele seiner Beobachtungen und Anschauungen[6]), die Rousseau in Bezug auf die einzelnen Sinne kundgegeben hat. Insoweit dieselben in seiner Pädagogik praktische Bedeutung erlangen, ist ihnen hier einige Aufmerksamkeit zu schenken.

Nicht über alle unsere Sinne sind wir hinsichtlich ihres Gebrauches in gleicher Weise Meister. Einer derselben, nämlich das Gefühl, ist während des Wachens in ununterbrochener Thätigkeit. Er ist über die ganze Oberfläche des Körpers verbreitet, gleichsam als beständige Wache, um uns von allem, was denselben verletzen könnte, zu benachrichtigen. Er ist zugleich derjenige, mittelst dessen wir, wir mögen wollen oder nicht, durch diese beständige Übung die erste Erfahrung gewinnen"[7]). Dementsprechend sind „die ersten Eindrücke" (Empfindungen) der Kinder reine Gefühlseindrücke; sie nehmen nur das Angenehme und den Schmerz wahr. Durch ihre Wiederkehr beginnen die Gefühlseindrücke der Herrschaft der Gewohnheit unterworfen zu werden[8]). Obgleich nun das Gefühl unter allen Sinnen derjenige ist, in Bezug auf den wir die beständigste Übung haben, so bleiben seine Urteile doch unvollkommener[9]) und roher als die

---

[1]) Tom. VIII, 83.
[2]) Diese „Bilder" sind den „einfachen Ideen" Lockes vergleichbar. (Cf. Essay. Übersetzt von Kirchmann, 1894. 2. Auflage I, 121.)
[3]) Diese sind rein passiv (VIII, 181).
[4]) Tom. VIII, 83.
[5]) Tom. VIII, 222.
[6]) Durch Vergleichungen der Sinne miteinander, z. B. des Gesichts mit dem Gefühl und Gehör, des Geruchs mit dem Geschmack, entdeckt er oft überraschende Beziehungen.
[7]) Tom. VIII, 240.
[8]) Tom. VIII, 80: „on voit leurs yeux se tourner sans cesse vers la lumière, et, si elle leur vient de côté, prendre insensiblement cette direction."
[9]) Die richtige Beobachtung, dass die Blinden ein viel sicheres und feineres Gefühl besitzen, erklärt er sich daraus, dass sie nicht durch das Gesicht geleitet werden und daher genötigt sind, die Urteile, die wir durch dieses gewinnen, einzig und allein aus dem Gefühle abzuleiten.
— Hierin wurzelt seine pädagogische Maxime. „durch das Gefühl sich viele Kenntnisse zu verschaffen, zu denen wir durch die Augen gelangen." (Tom. VIII, 241.)

irgend eines andern"[1]). Neben diesem Mangel hat der Tastsinn aber auch einen Vorzug vor allen andern Sinnen, nämlich den, dass seine Urteile die sichersten sind, „gerade weil sie die beschränktesten sind"[2]). Wie Rousseaus Ansichten über das Gefühl in seiner Pädagogik zur Geltung kommen, so auch diejenigen über den Gesichtssinn. „So sehr das Gefühl seine Thätigkeit auf die unmittelbare Umgebung des Menschen konzentriert, so sehr erweitert das Gesicht die seinige nach aussen hin; gerade dies ist aber der Grund, dass das letztere vielfachen Täuschungen ausgesetzt ist. Mit einem Blick überschaut der Mensch die Hälfte seines Horizonts. Wie sollte er auch bei der Menge der gleichzeitigen Wahrnehmungen und der durch dieselben veranlassten Urteile in keinem einzigen irren? Der Sinn des Gesichts ist daher der unzuverlässigste, eben weil er am weitesten in die Ferne reicht, und weil seine Thätigkeit der aller anderen Sinne vorhergeht und zu schnell und umfassend ist, um durch dieselben berichtigt werden zu können"[3]). Treffend bemerkt er sodann, dass von den Wahrnehmungen des Gesichtssinnes das Urteil des Verstandes am wenigsten getrennt werden kann, ebenso, dass zum Sehenlernen viel Zeit erforderlich ist[4]). „Wir müssen lange Zeit die Wahrnehmungen des Gesichts mit denen des Gefühls vergleichen, um den ersten dieser beiden Sinne zu gewöhnen, uns einen treuen Bericht über die Gestalten und Entfernungen abzustatten. Ohne das Gefühl, ohne die fortschreitende Bewegung würden auch die allerschärfsten Augen uns keinen Begriff vom Raume gewähren können"[5]).

Weniger ausführlich legt Rousseau seine Anschauungen über die andern Sinne dar. Aus seinen Auslassungen über das Gehör ersieht man, dass er nicht nur Verständnis besitzt für den Wert eines „leisen Gehörs"[6]), sondern dass er die Eigentümlichkeiten dieses Sinnes durch seine Vergleichung mit dem Gesichtssinn richtig gefunden hat[7]).

---

[1]) u. [2]) Tom VIII, 252. — „car, ne s'étendant qu'aussi loin que nos mains peuvent atteindre, ils rectifient l'étourderie des autres sens, qui s'élancent au loin sur des objets qu'ils aperçoivent à peine, au lieu que tout ce qu'aperçoit le toucher il l'aperçoit bien." (VIII, 252.)
[3]) Tom. VIII, 256.
[4]) Tom. VIII, 263.
[5]) Tom. VIII, 263; 84: „Ce n'est que par le mouvement que nous apprenons qu'il y a des choses qui ne sont nous; et ce n'est que par notre propre mouvement que nous acquérons l'idée de l'étendue."
[6]) Tom. VIII, 276.
[7]) Tom. VIII, 277. Dabei gelangt er u. a. zu folgender pädagogisch verwertbaren Beobachtung: „Nous avons un organe qui répond à l'ouïe, savoir celui de la voix; nous n'en avons pas de même qui réponde à la vue, et nous ne rendons pas les couleurs comme les sons. C'est un moyen de plus pour cultiver le premier sens, en exerçant l'organe actif et l'organe passif l' un par l'autre." (VIII, 277).

Bemerkenswert und für seine Pädagogik bedeutsam sind seine Anschauungen über den Geschmack. Von unseren verschiedenen Empfindungen, sagt er, sind die des Geschmacks diejenigen, welche uns am tiefsten berühren. Auch haben wir ein grösseres Interesse daran, über diejenigen Substanzen, welche in Bestandteile des Körpers selbst umgewandelt werden sollen, richtig zu urteilen, als über diejenigen, die ihn bloss umgeben. Tausend Dinge sind dem Gefühl, dem Gehör, dem Gesicht gleichgültig; aber es giebt beinahe nichts, was dem Geschmacke gleichgültig wäre[1]). Am spätesten entwickelt sich der Geruchssinn[2]). Die Gerüche an und für sich sind schwache Eindrücke; sie reizen mehr die Einbildungskraft als die Sinne und affizieren weniger durch das, was sie darbieten, als durch das, was sie erwarten lassen[3]). Daher bezeichnet er den Geruch als den „Sinn der Einbildungskraft"[4]).

Ihre wahre Bedeutung erlangen die Sinne erst durch die rechte Übung. „Die Sinne üben" heisst bei Rousseau „nicht bloss sie gebrauchen; es heisst, mittels derselben richtig urteilen lernen; es heisst sozusagen, wahrnehmen lernen; denn wir verstehen nicht anders zu fühlen, zu sehen und zu hören, als wir es gelernt haben"[5]).

Aus diesen durch die Sinne erzeugten elementaren Prozessen entwickeln sich gesetzmässig[6]), und zwar stufenweise[7]), die höheren geistigen Gebilde. Dabei muss ein aktives, urteilendes Vermögen zur Geltung kommen[8]). Dieses Grundvermögen, welches die Wahrnehmungen und Vorstellungen unter einander vergleicht und darüber reflektiert, ist die Vernunft (raison)[9]).

---

[1]) Tom. VIII, 285: „De cela même qui semble mettre le goût au-dessous d'eux, et rendre plus méprisable le penchant qui nous y livre, je conclurois au contraire que le moyen le plus convenable pour gouverner les enfants est de les mener par leur bouche."
[2]) Tom. VIII, 84 Anm.
[3]) Tom. VIII, 296.
[4]) Von dem 6. Sinne, den Rousseau annimmt, wird später die Rede sein.
[5]) Tom VIII, 238.
[6]) Tom. VIII, 78.
[7]) Tom. VIII, 436.
[8]) Zwar behauptet Rousseau, dass mit den einfachen Sinneswahrnehmungen ebensowohl bereits Urteile verbunden sind wie mit den zusammengesetzten; doch fügt er gleich erläuternd hinzu: „Dans la sensation, le jugement est purement passif, il affirme qu'on sent ce qu'on sent. Dans la perception ou idée, le jugement est actif, il rapproche, il compare, il determine des rapports que le sens ne determine pas." (Tom. VIII, 403).
[9]) Um das specifische Gepräge, welches die Rousseausche Psychologie infolge ihrer eigenartigen Ansichten bezüglich der zeitlichen Entwicklung der einzelnen Vermögen gewinnt, deutlicher hervortreten zu lassen, sollen diese Beziehungen einstweilen unberücksichtigt bleiben, am Schlusse dieses Abschnittes jedoch vergleichsweise zusammengestellt werden.

Da nun jede Vergleichung zur Voraussetzung hat, dass mehrere, entweder gleichzeitige oder aufeinanderfolgende Wahrnehmungen in der Seele festgehalten werden, so nimmt Rousseau „eine Art sechsten Sinn[1]) an, welcher die Fähigkeit besitzt, die sinnlichen Elemente an einem Gegenstande zu einer Einheit zusammenzufassen." Er sagt: „Dieser durch den geregelten Gebrauch aller anderen Sinne entstandene, allen Menschen gemeinsame Sinn, den man Gemeinsinn (sensus communis) nennt, unterrichtet uns über die Natur der Dinge durch Zusammenfassung aller ihrer Erscheinungsweisen"[2]).

Nun entsteht „aus der Vergleichung mehrerer aufeinanderfolgender oder gleichartiger Wahrnehmungen und aus dem Urteile, das man darüber fällt, eine Art gemischter oder zusammengesetzter Vorstellungen[3]) (verknüpfter Wahrnehmungen). Er nennt sie Ideen (idées-Begriffe)[4]).

Sehr klar setzt er den Unterschied zwischen dem durch blosse Sinnesthätigkeit hervorgerufenen Bilde (Vorstellung) und dem durch das aktive Prinzip erzeugten Begriff (Idee) auseinander: „Der Unterschied zwischen beiden, heisst es, besteht darin, dass die Vorstellungen nur beziehungslose Bilder sinnlicher Gegenstände, die Ideen (Begriffe) dagegen durch ihre Beziehungen bestimmte Vorstellungen oder Objekte sind. Eine Vorstellung kann in dem Geiste, der sie sich aneignet, allein vorhanden sein, aber jede Idee setzt andere voraus. Wenn man sich etwas vorstellt, so sieht man nur, wenn man Begriffe bildet, so vergleicht man. Unsere sinnlichen Wahrnehmungen sind rein passiv, während dagegen alle unsere Begriffe oder Ideen aus einem thätigen Prinzipe, welches urteilt, hervorgehen"[5]).

Die Begriffe teilt Rousseau ein in einfache und zusammengesetzte. Erstere entstehen „durch Zusammenfassung mehrerer sinnlicher Wahrnehmungen"[6]), „sind nur verglichene Sinneswahrnehmungen"[7]), letztere dagegen werden gebildet, „durch Zusammenfassung mehrerer einfacher"[8]). Dieser Entstehung der Begriffe entsprechend unterscheidet er zwei Formen des aktiven Vermögens:

[1]) Tom. VIII, 299.
[2]) Tom. VIII, 299.
[3]) Tom. VIII, 402.
[4]) Dieser Ausdruck entspricht hier ungefähr dem, was wir als „Begriff" bezeichnen. Wie Locke (Essay. Übersetzt von v. Kirchmann 94. I, 34; 139), so gebraucht auch Rousseau das Wort „idée" in einem weiteren — und dazu oft schwankendem — Sinne. Beachtenswert ist in dieser Beziehung seine eigene Anmerkung (Tom. VIII, 181): „J'ai fait cent fois réflexion en écrivant, qu'il est impossible, dans un long ouvrage, de donner toujours les mêmes sens aux mêmes mots".
[5]) Tom. VIII, 181.
[6]) Tom. VIII, 299.
[7]) Tom. VIII, 403.
[8]) Tom. VIII, 299.

eine sinnliche oder kindliche Vernunft (raison sensitive ou puérile), welche vermittels des Urteils [1]) die einfachen Begriffe bildet, und eine intellektuelle oder männliche Vernunft (raison intellectuelle ou humaine) [2]), welche durch Schlüsse die zusammengesetzten Begriffe erzeugt [3]). Ausser dem Urteils- und Schlussvermögen [4]) erkennt Rousseau in der geistigen Natur auch die Fähigkeit des Gedächtnisses an. Letzteres steht in nächster Beziehung zum Denkvermögen. Denn „obschon Gedächtnis und Urteilskraft zwei wesentlich verschiedene Fähigkeiten sind, so entwickelt sich doch die eine in Wirklichkeit nur mit der anderen" [5]). Daher gilt bei ihm, „dass die Kinder, da sie nicht fähig sind zu urteilen, kein wirkliches [6]) Gedächtnis haben" [7]), oder wie er an anderer Stelle darlegt: Haben sie keine wahren Begriffe, so haben sie auch kein wirkliches Gedächtnis; denn die Fähigkeit, bloss sinnliche Eindrücke zu behalten, nenne ich noch nicht Gedächtnis [8]). Von dauernder Gültigkeit ist die Bemerkung, dass es schwer ist, „isolierte Thatsachen und Schlussfolgerungen lange im Gedächtnis zu bewahren,

---

[1]) Tom. VIII, 204 f.: „A mesure que l'être sensitif devient actif, il acquiert un discernement proportionel a ses forces; et ce n'est qu'avec la force surabondante à celle dont il a besoin pour se conserver, que se développe en lui la faculté spéculative propre à employer cet excés de force à d'autres usages."

[2]) Ausser dieser allgemeinen Unterscheidung entgeht es ihm nicht, dass die Art und Weise, Begriffe zu bilden, dem menschlichen Geiste sein allgemeines Gepräge verleiht. Dies beweist folgende Stelle (Tom. VIII, 403): „L'esprit qui ne forme ses idées que sur des rapports réels est un esprit solide; celui qui se contente des rapports apparens est un esprit superficiel; celui qui voit les rapports tels qu'ils sont est un esprit juste; celui qui les apprécie mal est un esprit faux; celui qui controuve des rapports imaginaires qui n'ont ni réalité ni apparence est un fou; celui qui ne compare point est in imbécille."

[3]) Tom. VIII, 299: „Ainsi ce que j'appelois raison sensitive ou puérile consiste à former des idées simples par le concours des plusieurs sensations; et ce que j'appelle raison intellectuelle ou humaine consiste à former des idées complexes par le concours de plusieurs idées simples."

[4]) Rousseau macht keinen Unterschied zwischen urteilen und schliessen: Tom. VIII, 411 „La conscience de toute sensation est une proportion, un jugement. Done, sitôt que l'on compare une sensation à une autre, on raisonne. L'art de juger et l'art de raisonner sont exactement le même."

[5]) Tom. VIII, 180.

[6]) Eine „Art von Gedächtnis" nimmt Rousseau jedoch bereits vor der Urteilskraft an: „Alles, was es sieht, sagt er, alles was es hört, fällt ihm auf und es erinnert sich dessen; es führt in sich selbst ein Register der Handlungen und der Gespräche der Menschen, und seine gesamte Umgebung ist das Buch, aus welchem es unaufhörlich sein Gedächtnis bereichert, bis endlich seine Urteilskraft Nutzen daraus ziehen kann." (Tom. VIII, 191 f.)

[7]) Tom. VIII, 181.

[8]) Tom. VIII, 190. Rousseau versteht unter Gedächtnis die Fähigkeit, Wort und Sache zu behalten.

wenn man keinen Anknüpfungspunkt hat, um sie sich wieder zu vergegenwärtigen"[1]).

Auch der **Einbildungskraft** hat Rousseau seine Aufmerksamkeit zugewandt. Sie erwacht, „sobald sich die Kräfte des Kindes zu bethätigen beginnen und ist die regsamste von allen und eilt ihnen zuvor"[2]). Nur neue Gegenstände erwecken sie[3]), während die Gewöhnung in allen Dingen bewirkt, dass das Spiel der Einbildungskraft aufhört[4]). Mit gutem Grunde sieht er diese Kraft an als eine, die recht gefährlich werden kann: Die Einbildungskraft, sagt er, ist es, welche im Guten wie im Bösen die Grenzen des Möglichen für uns erweitert und folglich die Begierden durch die Hoffnung ihrer Befriedigung erregt und nährt[5]). „Am Feuer der Einbildungskraft entzünden sich die Leidenschaften"[6]). Da die Welt der Einbildungskraft unbegrenzt, die Welt der Wirklichkeit dagegen eingeschränkt ist, so gehen aus dem Unterschiede zwischen beiden „alle die Leiden hervor, die uns wahrhaft unglücklich machen"[7]). „Die Verirrungen der Einbildungskraft verwandeln die Leidenschaften aller beschränkten Wesen, selbst der Engel, wenn es deren giebt, in Laster"[8]).

Das Bild, welches wir bisher von der intellektuellen Seite der Menschennatur skizzierten, muss nun noch durch einen wichtigen Zug vervollständigt werden. Es gilt nämlich noch zu zeigen, **wann nach Rousseaus Auffassung jene einzelnen Fähigkeiten als im Kinde vorhanden anzunehmen seien.** Vervollständigen wir jetzt obige Darstellung nach dieser Seite!

So richtig ohne Zweifel die Annahme ist, dass am Anfange des Lebens Gedächtnis und Einbildungskraft sich nicht bethätigen[9]), dass ferner das Selbstbewusstsein und die Vernunft noch nicht erwacht sind[10]) und dass die ersten Entwickelungen der Kindheit

---

[1]) Tom. VIII, 340. Daher der pädagogische Ratschlag, alles so einzurichten, „dass alle ihre Erfahrungen sich durch eine Art von Deduktion miteinander verknüpfen, damit sie dieselben mit Hülfe dieser Verkettung in ihrem Geiste ordnen und nach Bedürfnis wieder in die Erinnerung zurückrufen können." (Tom. VIII, 340).
[2]) Tom. VIII, 117. — (Cf. dagegen Tom. VIII, 441).
[3]) Tom. VIII, 462.
[4]) Tom. VIII, 245. „Dans ceux que l'on voit tous les jours, ce n'est plus l'imagination qui agit, c'est la mémoire; et voilà la raison de l'axiome „ab assuetis non fit passio". (Tom. VIII, 245.)
[5]) Tom. VIII, 117.
[6]) Tom. VIII, 245.
[7]) Tom. VIII, 117.
[8]) Tom. VIII, 435. — Es braucht wohl nicht erst darauf hingedeutet zu werden, dass eine derartige Schätzung der Einbildungskraft, einer für die Pädagogik so bedeutungsvollen Seite, eigenartige Konsequenzen auf diesem Gebiete nach sich ziehen muss. — Uns scheint, als wäre in den Darstellungen seiner Pädagogik diesem wichtigen psychologischen Momente nicht die gebührende Achtung geschenkt worden.
[9]) Tom. VIII, 83. — [10]) Tom. VIII, 106.

beinahe gleichzeitig geschehen[1]), so falsch ist es andererseits offenbar, wenn die Entwickelung des Gedächtnisses, der Einbildungskraft und der Vernunft in eine so späte Zeit gesetzt wird, wie dies von Rousseau geschieht[2]). Nach ihm ist die ganze Kindheit „der Schlaf der Vernunft"[3]). Vor dem 12. Jahre haben die Kinder noch kein wirkliches Gedächtnis[4]), noch wahre Begriffe[5]). Daher sind sie bis dahin nicht fähig, Ideen zu vergleichen[6]), zu urteilen[7]). „Weit entfernt, selbst zu urteilen, sind sie nicht einmal im stande, die Schlüsse anderer zu behalten"[8]). „Ihr ganzes Wissen besteht in Sinneswahrnehmungen, nichts ist bis in den Verstand eingedrungen"[9]).

Überblicken wir jetzt noch einmal die Rousseauschen Anschauungen bezüglich der intellektuellen Seite der Menschennatur, so muss unser Urteil darüber wesentlich anders ausfallen als dasjenige, das wir in Bezug auf seine Ansichten über die physische Natur fällen konnten.

Trat uns dort eine bemerkenswerte Hochschätzung der physischen Natur entgegen, so offenbart Rousseau hier gegenüber der

---

[1]) Tom. VIII, 106: „Les premiers développemens de l'enfance se font presque tous à la fois. L'enfant apprend à parler, à manger, à marcher, à peu près dans le même temps."
[2]) Es ist, wie Reimer, a. a. O. 552, richtig bemerkt, entschieden ein Hauptfehler der Rousseauschen Auffassungsweise, dass sie von verschiedenen seelischen Entwickelungen die Anfänge gar nicht beachtet, vielmehr einfach ihr Vorhandensein bis zu einem gewissen Zeitpunkte ignoriert und sie dann mit einem Male entstehen lässt.
[3]) Tom. VIII, 180; Tom. VIII, 140: „En effet, de quoi lui serviroit la raison à cet âge? Elle est le frein de la force, et l'enfant n'a pas besoin de ce frein." — Tom. VIII, 138: „De toutes les facultés de l'homme, la raison, qui n'est, pour ainsi dire, qu'un composé de toutes les autres, est celle qui se développe le plus difficilement et le plus tard." — Während nach Rousseau ein Kind vor dem Alter der Vernunft keine Idee haben kann, bildet sich nach Locke die Idee gleichzeitig mit dem Sinneseindruck. (Essay. Übersetzt von v. Kirchmann. 2. A. I., 119.)
[4]) Tom. VIII, 181: „Ils retiennent des sons, des figures, des sensations, rarement des idées, plus rarement leurs liaisons."
[5]) Tom. VIII, 190.
[6]) Tom. VIII, 184.
[7]) Tom. VIII, 181.
[8]) Tom. VIII, 181: Auch die Einbildungskraft ist bis dahin noch nicht bis zu dem Grade entwickelt, wo sie gefährlich werden kann (Tom. VIII, 307; 441 f.) — überhaupt halten die Entwicklung des Gefühls und der Phantasie nicht gleichen Schritt mit der Entwicklung des Verstandes; — ebenso äussert sich erst von diesem Zeitpunkte ab ihre Neugierde und Wissbegierde.
[9]) Tom. VIII, 181. „L'apparente facilité d'apprendre est cause de la perte des enfants. On ne voit pas que cette facilité même est la preuve qu'ils n'apprennent rien. Leur cerveau lisse et poli rend comme un miroir les objets qu'on lui présente; mais rien ne reste, rien ne pénètre: L'enfant retient les mots, les idées se réfléchissent: ceux qui l'écontent les entendent, lui seul ne les entend point." (Tom. VIII, 180).

Intelligenz eine im wesentlichen skeptische Ansicht. Diese hat ihren Grund in offenkundigen argen Verstössen gegen Erfahrung und Beobachtung, denen zufolge sowohl das Erwachen als auch die Entwicklungsfähigkeit der einzelnen intellektuellen Vermögen gewaltig verkannt wird.

Nachdem wir bisher die Rousseauschen Anschauungen über die intellektuelle Seite in der geistigen Natur des Menschen dargestellt haben, gilt es nun, uns seine Ansichten über die Gemütsseite vorzuführen. Der Mangel einer klaren Analyse tritt uns hier weit fühlbarer entgegen als dies auf dem Gebiete des Verstandes der Fall war. Da es nun in unserer Absicht liegt, seinen Anschauungen keinerlei fremde Färbung noch Deutung zu geben, so vermeiden wir auch hier bei ihrer Darstellung die Anwendung systematischer Gesichtspunkte und geben sie in ungezwungenster Weise möglichst treu wieder.

„Nur zwei deutlich hervortretende Gemütsbewegungen sind im Kinde wahrzunehmen: Freude und Schmerz; es lacht oder weint; Mittelzustände sind für dasselbe nicht vorhanden. Unaufhörlich geht es von der einen dieser Bewegung zur andern über"[1].

Von massgebender Bedeutung für die ganze Gemütsseite des Menschen sind nach Rousseau die Leidenschaften (passions)[2]. Sie stehen darum auch im Vordergrunde seiner Beobachtung. Es liegt, gesteht er zunächst, in der Natur des Menschen, Leidenschaften zu haben[3]; denn „unsere Leidenschaften sind die hauptsächlichsten Werkzeuge unserer Erhaltung"[4]. Ihre Quelle[5] ist also natürlich. Allein, wollte man daraus folgern, dass alle Leidenschaften, die wir in uns fühlen oder an anderen wahrnehmen, natürlich seien, so würde man sich irren. Unsere natürlichen Leidenschaften sind vielmehr auf sehr wenige eingeschränkt: „Alle diejenigen, die uns beherrschen und aufreiben, kommen von aussen her in uns; die Natur giebt sie uns nicht; wir eignen sie uns zu ihrem Nachteile an"[6].

---

[1] Tom. VIII, 460.
[2] Auch hier ist daran zu erinnern, dass sich der französische Ausdruck „passion" nicht mit einem ihm völlig kongruenten deutschen Worte wiedergeben lässt. (Cf. Anmerkung von E. v. Sallwürk, Émile-Übersetzung, IV, § 10).
[3] Tom. VIII, 419: „Nos passions sont les intrumens de notre liberté, elles tendent à nous conserver: c'est donc une entreprise aussi vaine que ridicule de vouloir les detruire; c'est contrôler la nature, c'est reformer l'ouvrage de Dieu." — Auch bilden sie für die Erziehung kein Hindernis, sind vielmehr ein Mittel zu ihrer Vollendung (VIII, 466). Bezüglich ihrer Behandlung gilt: „On n'a de prise sur les passions que par les passions" (IV, 105).
[4] Tom. VIII, 419.
[5] Tom. VIII, 435: „La source de toutes les passions est la sensibilité; l'imagination détermine leur pente."
[6] Tom. VIII, 419.

Die Quelle aller Leidenschaften[1]) nun, der Anfang und die Grundlage aller übrigen, die einzige, die mit dem Menschen geboren wird und ihn nie verlässt, solange er lebt, ist die Selbstliebe (amour de soi)[2]); sie ist die ursprüngliche, angeborene Leidenschaft, die allen anderen vorhergeht und von welcher alle übrigen in gewissem Sinne nur Modifikationen sind. Und in diesem Sinne sind sie, wenn man will, alle natürlich"[3]).

Diese „erste und natürlichste aller Leidenschaften"[4]) ist gut und nützlich, stets der Ordnung gemäss[5]). „Da ihr keine notwendige Beziehung zu andern Menschen eigen ist, so ist sie in dieser Hinsicht von Natur indifferent. Gut und böse wird sie allein durch die Anwendung, die man von ihr macht und durch die Beziehungen, die man ihr giebt[6]). Dadurch verwandelt sich die Selbstliebe in Eigenliebe (amour-propre)[7]).

Selbstliebe und Eigenliebe, beide von hoher Bedeutung für seine Pädagogik, werden scharf von ihm getrennt[8]): „Die Selbstliebe, vermöge deren wir nur uns selbst im Auge haben, ist zufrieden, wenn unsere wahren Bedürfnisse gestillt sind; die Eigenliebe dagegen, die Vergleichungen anstellt, ist nie zufrieden und kann es nicht sein, weil dieses Gefühl verlangt, dass andere uns sich ebenso vorziehen, wie wir uns ihnen vorziehen, was unmöglich ist. So sieht man also, wie die sanften und wohlwollenden Leidenschaften aus der Selbstliebe, die gehässigen und den Zorn begünstigenden aus der Eigenliebe entstehen"[9]).

Inwiefern sind nun alle natürlichen Gefühle (Leidenschaften) Modifikationen der Selbstliebe?

Aus der Selbstliebe entwickelt sich zunächst die Liebe zu den Menschen seiner Umgebung. Rousseau drückt dies so aus: „Das erste Gefühl ist die Liebe zu sich selbst, und das zweite, das aus diesem hervorgeht, ist die Liebe zu denen, die ihm nahe stehen[10]). Wir müssen uns, legt er weiter dar, um unser selbst

---

[1]) Cf. hierzu die Bedeutung, die Rousseau den Leidenschaften in seinem eigenen Leben zuschreibt: „Mes passions m'ont fait vivre, et mes passions m'ont tué (Confess., p. I, l. V; tom. I, 352).
[2]) Tom. VIII, 157: „nos sentimens primitifs se concentrent en nous-mêmes; tous nos mouvemens naturels se rapportent d'abord à notre conservation et à notre bien-être." — VIII, 145 bezeichnet Rousseau die Selbstliebe auch als „Eigenliebe im weitern Sinne", oder als „Eigenliebe an sich oder in Bezug auf uns." Cf.: „La seule passion naturelle à l'homme est l'amour de soi-même, ou l'amour propre pris dans un sens étendu. Cet amour-propre en soi ou relativement à nous est bon et utile."
[3]) Tom. VIII, 420. — [4]) VIII, 415. — [5]) Tom. VIII, 420. — [6]) VIII, 145. — [7]) VIII, 472. — [8]) VIII, 422.
[9]) Dieser Gegensatz erinnert sehr an seine Gegenüberstellung von Natur und Kultur im Discours sur l'inégalité. Während amour de soi der Natur eigen und die Quelle aller Tugenden ist, entsteht amour-propre erst im gesellschaftlichen Zustande und ist Ursache alles Bösen. Cf. VIII, 438f, 425.
[10]) Tom. VIII, 421.

willen lieben; wir müssen uns über alles lieben und als unmittelbare Folge dieses Gefühls lieben wir alles, was zu unserer Erhaltung dient. Unempfindliche Wesen, die nur dem Impulse folgen, welchen man ihnen giebt, erregen keine Leidenschaft in uns; diejenigen dagegen, von denen wir zufolge ihrer Gesinnung, ihres Willens Gutes oder Böses erwarten, diejenigen, die wir aus eigenem Antriebe für oder gegen uns auftreten sehen, flössen uns dieselben Gefühle ein, die sie gegen uns an den Tag legen[1]). Je mehr sich diese Beziehungen erweitern, umso mehr erweitert sich auch diese Liebe, die anfangs auf einen kleinen Kreis beschränkt ist, zur allgemeinen Menschenliebe"[2]).

Eine besondere Form dieser allgemeinen Menschenliebe und gleich dieser eine Modifikation der Selbstliebe ist das Mitleid[3]). Seine Entstehung hat das Erwachen der Einbildungskraft zur Voraussetzung. „Um fühlend und mitleidig zu werden, muss das Kind wissen, dass es ihm ähnliche Wesen giebt, die dasselbe leiden, was es selbst gelitten hat, als auch andere, von denen es sich vorstellen muss, dass es sie ebenfalls empfinden könne. Und wie sollten wir auch anders zum Mitleid bewegt werden als dadurch, dass wir uns aus uns selbst herausversetzen und uns mit dem leidenden Wesen identifizieren, dass wir gleichsam unser eigenes Sein aufgeben, um das seinige anzunehmen? Wir leiden nur soviel, als unserer Schätzung nach ein anderes Wesen leidet, und nicht in uns, sondern in ihm leiden wir"[4]).

Auch die anderen moralischen Gefühle entspringen aus der Selbstliebe; denn wie Rousseau in einer Anmerkung zum 2. Discours sagt, „erzeugt die Selbstliebe auch die Humanität und die Tugend"[5]). Um dies darzuthun, weist er an anderer Stelle auf die nahe Beziehung hin, welche zwischen Gewissen einerseits und der Liebe zu sich selbst und den Menschen andererseits vor-

---

[1]) Tom. VIII, 421.
[2]) Tom. VIII, 421.
[3]) Diese Auffassung des Mitleids bezeichnet im Vergleich zu seinen früheren Anschauungen einen Fortschritt. Im 2. Discours, wo er dem Mitleid bereits grosse Aufmerksamkeit widmet (Cf. IV, 222, 263 ff), betrachtete er die Selbstliebe und das Mitleid als zwei verschiedene ursprüngliche Prinzipien: „Laissant tous les livres scientifiques qui ne nous apprennent qu'à voir les hommes tels qu'ils se sont faits, et méditant sur les premières et plus simples opérations de l'âme humaine, j'y crois apercevoir deux principes antérieurs à la raison, dont l'un nous intéresse ardemment à notre bienêtre et à la conservation de nous-mêmes, et l'autre nous inspire une répugnance naturelle à voir périr ou souffrir tout être sensible, et principalement nos semblables." (IV, 222).
[4]) Tom. VIII, 443: „Nul ne devient sensible que quand son imagination s'amine et commence à le transporter hors de lui."
[5]) Tom. IV, 367 (Notes): „L'amour de soi-même est un sentiment naturel qui porte tout animal à veiller à sa propre conservation, et qui, dirigé dans l'homme par la raison et modifié par la pitié, produit l'humanité et la vertu."

handen ist. So sagt er: „Nun aber entsteht der Impuls des Gewissens aus dem moralischen Verhältnisse, welches durch die Beziehungen des Menschen zu sich selbst und zu seinen Nebenmenschen gebildet wird"[1]), oder noch deutlicher: „Aus den ersten Regungen des Herzens (der Selbstliebe) entstehen die ersten Regungen des Gewissens; aus den Gefühlen der Liebe und des Hasses gehen die Begriffe von gut und böse hervor. Gerechtigkeit und Güte sind nicht bloss abstrakte Worte, blosse vom Verstande gebildete moralische Ideen, sondern nur eine gesetzmässige Fortbildung unserer ursprünglichen Seelenzustände"[2]).

Aus diesem Zusammenhange leuchtet ein, dass auch die natürlichen **Gefühle der Freundschaft**[3]) und **Erkenntlichkeit**[4]), sowie überhaupt alle **sozialen Gefühle**[5]) nach Rousseaus Anschauung als Modifikationen der Selbstliebe anzusehen sind; haben sie doch alle in der Liebe zu den Menschen, der unmittelbarsten Folge der Selbstliebe, ihre Wurzel.

---

[1]) Tom. IX, 68.
[2]) Tom. VIII, 471. — Was den Rousseauschen Tugendbegriff anlangt, so macht Höffding (a. a. O., 119) auf folgenden beachtenswerten Unterschied aufmerksam: Rousseau unterscheidet zwischen bonté, der unwillkürlichen Selbstentfaltung, und vertu, der Selbstbehauptung durch Kampf. Letzteres entspricht der Rousseauschen Erklärung (in dem Art. Économie politique; IV, 385 ff.), nach welcher die Tugend in der Übereinstimmung zwischen dem Willen des Einzelnen und dem allgemeinen, nach der Erhaltung und Förderung des Ganzen und jedes einzelnen Teiles strebenden Willens bestehe. Der Mensch soll sich auf einen höhern, mehr universellen Standpunkt als auf seinen eigenen privaten stellen; er soll seine Individualität in einen grösseren Zusammenhang einordnen — dies aber kann ohne Kampf nicht geschehen. So werden Tugend und Pflicht bei Rousseau soziale Begriffe. (IV, 261, 2. Discours): „Il paroît d'abord que les hommes dans cet état, n'ayant entre eux aucune sorte de relation morale ni de devoirs connus, ne pouvoient être ni bons ni mechans, et n'avoient ni vices ni vertus.") — Zu diesem Kampfe wird die Seele angetrieben teils durch das Gewissen, das als Gesetzgeber die Tugend als Pflicht fordert (VIII, 160 f., des. Anmerkung auf p. 164), teils durch die innere Befriedigung und die Freude am Gutesthun (IX, 61, 71).
[3]) Tom. VIII, 437 sagt Rousseau: „Das erste Gefühl, für welches ein sorgfältig erzogener Jüngling empfänglich wird, ist nicht die Liebe, sondern die Freundschaft" — während es bald darauf heisst: „Das erste sich auf andere beziehende Gefühl ist das Mitleiden" (VIII, 443).
[4]) Tom. VIII, 468: „On aime ce qui nous fait du bien; c'est un sentiment si naturel! L'ingratitude n'est pas dans le coeur de l'homme, mais l'intérêt y est."
[5]) Zu beachten ist, dass Rousseau, obgleich er anfangs alle sozialen Züge als etwas nicht in der Natur begründetes betrachtete (IV, 276), doch schliesslich die Ansicht gewonnen hat, dass der Mensch ein geselliges Wesen ist und dass ihm als solchem auch entsprechende Neigungen und Triebe angeboren sind. — IX, 68: „Mais si, comme on n'ent peut douter, l'homme est sociable par sa nature, ou du moins fait pour le devenir, il ne peut l'être que par l'autres sentiments innés, relatifs à son espèce; car, à ne considérer que le besoin physique, il doit certainement disperser les hommes au lieu de les rapprocher."

Eine Modifikation der Selbstliebe ist nach Rousseau auch das **religiöse Gefühl**. Seine Begründung der allgemeinen Menschenliebe auf die Selbstliebe zeigte bereits, dass es eine natürliche Beschaffenheit des menschlichen Herzens ist, gegen alle Menschen, die ihm wohlwollen, liebevoll und dankbar zu sein. Liegt nun aber dieser Zug im Menschen und ist einmal die allgemeine Menschenliebe erwacht, so ist von hier aus nur noch ein kleiner Schritt zur Liebe und Anhänglichkeit gegen Gott. Sobald nämlich der Zeitpunkt gekommen ist, dass der Mensch in seinen Mitmenschen nicht die einzigen und letzten Wohlthäter erkennt, sondern durch das ihm angeborene Gefühl mit innerer Notwendigkeit zur Annahme eines höchsten Wesens als Urquell alles Guten gezwungen wird, dann offenbart er gegen dieses erst recht seine Liebe und Dankbarkeit. Diese nahe Beziehung der Liebe zu Gott zu der Grundtendenz des Menschen, die auf Selbsterhaltung gerichtet ist[1]), spricht er klar aus: „Kann ich mich aber so ausgezeichnet sehen, ohne mir Glück zu wünschen, diese ehrenvolle Stellung einzunehmen und ohne die Hand zu preisen, welche mich dahin gestellt hat? Bei meiner ersten Rückkehr in mich selbst entsteht in meinem Herzen ein Gefühl der Dankbarkeit und der Lobpreisung gegen den Schöpfer meines Geschlechtes, und aus diesem Gefühle entspringt die erste Huldigung, die ich der wohlthätigen Gottheit darbringe. Ich bete die höchste Macht an und bin gerührt von ihren Wohlthaten. Ich bedarf keiner Unterweisung in Bezug auf diesen Kultus, die Natur selbst giebt ihn mir ein. Ist es nicht eine natürliche Folge der Liebe zu mir selbst, den zu ehren, der mich beschützt, den zu lieben, der mir wohl will?[2])"

Wie hiernach die religiöse Seite des Menschen bei Rousseau in nahe Verbindung mit der Selbstliebe und damit mit der moralischen Natur gebracht wird — was sich auch bezüglich der sozialen Seite beobachten liess — so gilt dies auch von seinen **ästhetischen** Erwägungen. Der Geschmack ist nach ihm nichts anderes als das Vermögen zu urteilen, was der Menge gefällt oder missfällt[3]). „Seine Ausbildung und seine Form hängen davon ab, in welchen gesellschaftlichen Kreisen man gelebt hat"[4]). Für das oben angedeutete Verhältnis des Geschmacks zur Moral, das schon deutlich an moderne Auffassungen erinnert, ist eine Stelle der Sophie bezeichnend. Dort heisst es: „Durch den Geschmack öffnet sich der Geist unmerklich den Ideen des Schönen jeder Art und

---

[1]) Tom. IX, 126 bezeichnet Rousseau die „Liebe zum Urheber seines Wesens" geradezu als „Liebe, die mit der Selbstliebe zusammenfällt".
[2]) Tom. IX, 40.
[3]) Tom. IX, 183.
[4] Tom. IX, 184, 186: „C'est surtout dans le commerce des deux sexes que le goût, bon ou mauvais, prend sa forme; sa culture est un effet nécessaire de l'objet de cette société."

schliesslich auch den damit zusammenhängenden moralischen Begriffen"[1]).

Was schliesslich die zeitliche Entwicklung der Gefühlsseite anlangt, so machen sich hier die Mängel seiner Erkenntnistheorie augenfällig geltend. Da nach letzterer die Fähigkeit des Vergleichens erst im Alter der Vernunft (nach dem 12. Jahre) vorausgesetzt werden kann, so kann sich auch die Eigenliebe, eine Folge jener, nicht früher entwickeln[2]). Da ferner von diesem Zeitpunkte ab die Einbildungskraft erst zur rechten Entfaltung gelangt, so ist der Mensch auch dann erst des Mitleids fähig[3]). Ebenso leuchtet ein, dass infolge der Theorie der Unfähigkeit des kindlichen Geistes zur Ideenbildung auch die anderen moralischen[4]), wie auch die religiösen[5]) und gesellschaftlichen[6]) Verhältnisse, insoweit sie Urteilsfähigkeit voraussetzen, erst nach dem mehrfach erwähnten Zeitpunkte begriffen werden können[7]).

Damit hätten wir die wesentlichen Anschauungen Rousseaus über die Gefühle (Leidenschaften) zur Darstellung gebracht. Daraus dürfte zu ersehen sein, welch eine hohe Bedeutung Rousseau der Gefühlsseite des Menschen zuschreibt. Indem er aus dem Gefühle, dem „angeborenen Prinzip", die Ideen des Guten und Bösen, des Willens, der Seele[8]), selbst Gottes hervorgehen lässt, erhebt er das Gefühl zu einer dem Verstande gegenüber selbständigen, ja wertvolleren Seite der geistigen Natur[9])

---

[1]) Tom. IX. 259 f. — „Die Liebe zum Schönen" ist gleich dem Triebe nach dem Wahren und Guten dem Menschen angeboren. (IX, 61).
[2]) Tom. VIII, 415, 417. Das Erwachen der Leidenschaften bezeichnet überhaupt den Austritt aus der Kindheit (15. Jahr) und wird von Rousseau als ein wichtiger, ja als der wichtigste Wendepunkt angesehen. VIII, 417: „Comme le mugissement de la mer précède de loin la tempête, cette orageuse révolution s'annonce par le murmure des passions, naissantes; une fermentation sourde avertit de l'approche du danger."
[3]) „Im 16. Jahre weiss der seiner Natur gemäss erzogene Jüngling kaum, dass auch andere Wesen leiden; denn er kann sich noch nicht vorstellen, was andere empfinden" (Tom. VIII, 441).
[4]) Tom. VIII, 436: „Tant que sa sensibilité reste bornée à son individu, il n'y a rien de moral dans ses actions; ce n'est que quand elle commence à s'étendre hors de lui, qu'il prend d'abord les sentimens, ensuite les notions du bien et du mal."
[5]) Tom. VIII, 526.
[6]) Tom. VIII, 442: „Indifférent à tout, hors à lui-même, comme tous les autres enfans, il ne prend intérêt à personne."
[7]) Tom. VIII, 137: „Avant l'âge de raison l'on ne sauroit avoir aucune idée des êtres moraux ni des relations sociales."
[8]) Tom. IX, 52.
[9]) „In psychologischer Beziehung steht bei Rousseau das Fühlen im Mittelpunkte des geistigen Lebens" — „Die innerste Natur des Menschen besteht im Fühlen." (Gössgen, a. a. O., 20; 27.) Gössgen zeigt auch, dass sich gerade in diesem Punkte eine deutliche Beeinflussung der rationalistischen Anschauung Basedows durch Rousseau beobachten

und macht es damit zugleich zur wesentlichen Basis der Moral und Religion [1]). Allerdings muss nun bezüglich dieses **Verhältnisses des Gefühls zum Intellekte** gleich bemerkt werden, dass sich Rousseau dabei nicht konsequent geblieben ist. Um dieses Schwanken in seiner Auffassung und damit zugleich die Widersprüche, in welche er sich verstrickt, aufzuweisen, führen wir zunächst einige Äusserungen an, welche jene eben erwähnte Autonomie des Gefühls bezeugen. So lesen wir bei ihm: „Es liegt in der Tiefe der Seele ein angeborenes Prinzip der Gerechtigkeit und Tugend, nach welcher wir, unsern eigenen Grundsätzen zum Trotz, unsere und anderer Handlungen als gut und böse beurteilen, und diesem Prinzip gebe ich den Namen Gewissen"[2]). Von ihm heisst es: „Das Gewissen täuscht uns niemals; es ist der wahre Führer des Menschen"[3]), dagegen von der Vernunft: „Es ist umsonst, die Tugend auf die Vernunft gründen zu wollen"[4]). Ungleich deutlicher preist er jedoch die Unabhängigkeit des Gewissens vom Verstande in der bekannten Stelle: „O Gewissen, Gewissen! Göttlicher Instinkt; unsterbliche und himmlische Stimme; sicherer Führer eines unwissenden und beschänkten, aber verständigen und freien Wesens; untrüglicher Richter über Gutes und Böses, der du den Menschen zur Gottähnlichkeit erhebst; auf dir beruht die Vortrefflichkeit seiner Natur und die Sittlichkeit seiner Handlungen! Ohne dich empfinde ich nichts in mir, was mich über die Tiere erhebt als das traurige Vorrecht, mich vermöge eines Verstandes ohne Regel und einer Vernunft ohne Prinzip von Irrtum zu Irrtum zu verwirren"[5]).

Tritt uns in diesen Aussprüchen das Gefühl, besonders das Gewissen, als vom Verstande völlig unabhängig, in letzterem sogar als Führer desselben entgegen, so stellt Rousseau an anderen Stellen das Gewissen dar als ein Gefühl, dessen Entwicklung vom Verstande bedingt ist und das nur darin besteht, das Gute zu lieben und das Böse zu hassen. In dieser Beziehung stehen zu

---

lässt, sowohl auf philosophischem als auch auf ethischem Gebiete (a. a. O. 76 und 80 ff.) — Höffding erinnert daran, dass das starke Hervorheben des Gefühls und des Herzens mit seinem allgemeinen Kulturproblem zusammenhängt (a. a. O., 68).
[1]) Cf. Glaubensbekenntnis des Vikars v. Savoyen IX, 12 ff.
[2]) Tom. IX, 65.
[3]) Tom. IX, 59.
[4]) Tom. IX. 72; 67: „Les actes de la conscience ne sont pas des jugemens, mais des sentimens: quoique toutes nos idées nous viennent du dehors, les sentimens qui les apprécient sont au-dedans de nous, et c'est par eux seuls que nous connoissons la convenance ou disconvenance qui existe entre nous et les choses que nous devons rechercher ou fuir."
[5]) Tom. IX, 69; 68: „Je ne crois donc pas, mon ami, qu'il soit impossible d'expliquer pardes conséquences de notre nature le principe immédiat de la conscience, indépendant de la raison même."

obigen Äusserungen in merkwürdigem Gegensatze Aussprüche wie folgende:
„Die Vernunft allein lehrt uns das Gute und das Böse erkennen. Das Gewissen, welches uns jenes lieben und dieses hassen lässt, kann sich, obgleich es von ihr unabhängig ist, doch ohne sie nicht entwickeln"[1]). Ebenso widerspricht es der obigen Auffassung, wenn er die Vernunft als ein Seelenvermögen bezeichnet, „welches als Schiedsrichter zwischen beiden Führern (Gewissen und Vorurteile) dient, welches das Gewissen nicht irre leiten lässt und die Irrtümer des Vorurteils zurückweist"[2]). Während er ferner das eine Mal behauptet, es gebe für das Dasein Gottes keinen sicherern Beweis als die innerste Überzeugung durch das Gefühl, als „die Prinzipien, die er im Grunde seines Herzens von der Natur mit unauslöschlichen Zügen gegraben findet"[3]), so lesen wir das andere Mal bei ihm im Gegensatze hierzu: „Die erhabensten Ideen von Gott erlangen wir allein durch die Vernunft"[4]), oder mit Beziehung auf das Buch der Natur: „Aus diesem grossen und erhabenen Buche lerne ich dem göttlichen Urheber der Natur dienen und ihn anbeten. Niemand ist zu entschuldigen, der nicht darin liest, weil es zu allen Menschen und in einer Sprache redet, die für jeden verständlich ist. Wäre ich auch auf einer wüsten Insel geboren, hätte ich auch nie einen anderen Menschen als mich selbst gesehen, hätte ich nie erfahren, was sich in alter Zeit in irgend einem Winkel der Erde zugetragen hat, so würde ich doch, wenn ich nur meine Vernunft übte und ausbildete, ihn durch mich selbst erkennen, ihn und seine Werke lieben, das Gute, was er will, wollen und um ihm zu gefallen, alle meine Pflichten auf Erden erfüllen lernen."[5]) „Durch zwingende Gründe, durch den richtigen Gebrauch der Vernunft"[6]) ist es ihm möglich, in das

---

[1]) Tom. VIII, 90
[2]) Tom IX, 277.
[3]) Tom. IX, 59.
[4]) Tom. IX, 80.
[5]) Tom. IX, 108.
[6]) Tom. IX. 58. — Aus diesen Stellen ist zu ersehen, dass Rousseau trotz der starken Betonung der Gefühlsreligion den Rationalismus doch noch nicht ganz überwunden hat.

Diese Inkonsequenzen bezüglich des Verhältnisses zwischen Gewissen und Vernunft zeigten bereits, dass Rousseau mit jenen Begriffen einen wechselnden Sinn verband. In dieser Beziehung muss hier ergänzend noch bemerkt werden, dass Rousseau unter Gewissen nicht immer nur jenen moralischen Sinn versteht, nach welchem es der innere Richter über gut und böse ist, sondern dass er damit öfters einen allgemeineren Sinn verbindet. So nennt er das Gewissen einmal ganz allgemein „die Stimme der Seele" (Tom. IX, 59), wogegen die Leidenschaften „die Stimme des Körpers" sind. (Cf. auch Tom. IX, 47.) — In dem Briefe an den Erzbischof bezeichnet er das Gewissen schlechthin als „die Liebe zur Ordnung und zum Wohle der Seele". Philosophische Werke, a. a. O. I, 225).

Reich des Transcendenten einzudringen, und doch gesteht er andererseits: „Der würdigste Gebrauch meiner Vernunft ist, dieselbe vor dir zu vernichten"[1]).

Trotz dieser mannigfachen Widersprüche und Einschränkungen, welche hiernach in Bezug auf Rousseaus Anschauungen über das Gefühl zu beobachten sind, bleibt es doch ein schätzenswertes Verdienst Rousseaus, der durch die Tendenzen der Aufklärung ganz in den Hintergrund gedrängten Gefühlsseite [2]) des Menschen erfolgreich zu ihrer Bedeutung verholfen zu haben[3]).

Wie nun in Wirklichkeit zwischen Gefühl und Willen das innigste Verhältnis obwaltet, so sind auch die Anschauungen Rousseaus über den letzteren, zumal infolge des im wesentlichen intuitiven Charakters seiner Psychologie, mit denen über das Gefühl am meisten verquickt und in dem über das Gefühl Erwähnten zum Teil schon enthalten. Suchen wir jetzt die auf den Willen bezüglichen Anschauungen noch zu vervollständigen.

Was zunächst das Verhältnis der Leidenschaften zum Willen anlangt, so sind jene für diesen im allgemeinen Richtung gebend[4]). Wie nun auf der Gefühlsseite die Selbstliebe die Quelle und Grundlage aller Leidenschaften war, so entspricht dieser auf dem Gebiete des Willens der Selbsterhaltungstrieb. Er steht im Mittelpunkte aller Triebe[5]). Stellten sich dort alle natürlichen Leidenschaften als Erweiterungen und Folgen der Selbstliebe dar, so erweisen sich hier sämtliche Triebe mehr oder minder als Modifikationen des Selbsterhaltungstriebes. War ferner die Selbstliebe nach seiner Anschauung gut und nützlich, weil in der Natur begründet, so gilt dies auch von allen Willensbethätigungen, soweit sie nicht künstliche, sondern naturgemässe Bedürfnisse zu ihrer Veranlassung haben. Je mehr der Wille diesen natürlichen Bedürfnissen entspricht, um so mehr äussert sich darin die ursprüngliche Güte und Zweckmässigkeit. Da nun jene ersten, noch dunklen Willensäusserungen, die wir als Instinkte und Triebe bezeichnen,

---

[1]) Tom. IX, 58.
[2]) Überweg-Heinze: „Gegenüber der Bildung und der Erkenntnis legt er auf das Gefühl als das Elementare im Menschen den Hauptnachdruck." (a. a. O. III¹; 216.)
[3]) Man darf Höffding beistimmen, wenn er behauptet, Rousseau habe den Schwerpunkt des geistigen Lebens von der Vernunft, wo man ihn so lange gesucht hatte, in das Gefühl verlegt. (a. a. O. 115.)
Dass Rousseau unsern Anschauungen gemäss dem Gefühle noch nicht völlig gerecht wurde, liegt darin begründet, dass er auch in Bezug auf die Gefühle — soweit dieselben nicht von der intellektuellen Entwicklung abhängen — die ersten Entwicklungsstadien ignorierte.
[4]) Tom. VIII, 356: „il n'y a que la passion qui nous fasse agir: et comment se passionner pour des intérêts qu'on n'a point encore?"
[5]) IX, 48: „N'est-ce pas pour nous conserver que la nature nous fait sentir nos besoins?"

ohne Zweifel der ungefälschteste Ausdruck der Natur sind, wird ihnen von Rousseau besondere Aufmerksamkeit gewidmet[1]). Welche ursprünglichen, natürlichen Willensrichtungen beobachtet er nun? „Mit dem Leben beginnen die Bedürfnisse"[2]). Diese entwickeln sich nicht gleichzeitig, sondern nach und nach[3]). „Die erste Kindheit ist ein Alter, in welchem man nur körperliche Bedürfnisse hat"[4]). Als einer der ersten Triebe giebt sich der **Trieb nach Nahrung**[5]) zu erkennen. Zu ihm gesellt sich der von Rousseau ganz besonders anerkannte und betonte **Drang nach Freiheit und Bewegung**. Das neugeborne Kind, sagt er, hat das Bedürfnis, seine Glieder zu strecken und zu bewegen[6]). Alle seine Bewegungen sind Bedürfnisse der körperlichen Natur, die sich zu kräftigen sucht[7]). Die Natur verlangt von uns die zu unserer Erhaltung notwendige Bewegung[8]). Als heftigsten und fühlbarsten Trieb bezeichnet Rousseau den **Geschlechtstrieb**[9]).

Ausser den physischen beobachtet Rousseau auch psychische Bedürfnisse und Triebe in der menschlichen Natur. So gewahrt er den **Trieb nach Thätigkeit und Veränderung**, welcher sich bald als Spiel —, bald als Nachahmungstrieb[10]) zu erkennen giebt. Von besonderer Bedeutung für Rousseaus Stellung zur Ausbildung des Geistes ist, dass er, wie aus folgender Stelle hervorgeht, auch ein Bedürfnis, einen **Trieb nach Forschung und Wissen**, nach Entwickelung der geistigen Kräfte und Anlagen in der Menschennatur begründet findet.[11]) So sagt er: „Der Thätigkeit des Körpers, der sich zu entwickeln strebt, folgt die Thätigkeit des Geistes, der sich zu unterrichten sucht. Anfangs bewegen sich die Kinder nur, später werden sie neugierig, und diese Neugier ist, wenn sie gut geleitet wird, die bewegende Kraft für das Alter, bei welchem wir jetzt (12. Jahr) angekommen sind. Man muss stets die von der Natur herrührenden Neigungen von denen, die aus vorgefassten Meinungen entstanden sind, unterscheiden. Es giebt einen Wissensdurst, der nur in dem Wunsche, für gelehrt zu gelten, seinen Grund hat; dagegen giebt es auch einen anderen, der aus einer dem Menschen natürlichen, über alles, was ihn nah oder fern interessieren kann, sich erstreckenden Wissbegierde entsteht. Der

---

[1]) Die Triebe spielen schon im 2. Discours eine wichtige Rolle, besonders der Selbsterhaltungstrieb. (Cf. IV, 242; 245; 279.)
[2]) Tom. VIII, 65. — [3]) VIII, 313. — [4]) VIII, 86. — [5]) VIII, 86. — [6]) VIII, 33. — [7]) VIII, 129. — [8]) VIII, 92. — [9]) VIII, 313.
[10]) Tom. VIII, 173: „L'homme est imitateur; le goût de l'imitation est de la nature bien ordonnée; mais il dégénère en vice dans la société."
[11]) Im Discours de l'inégalité dagegen sah er gleich den geselligen Tugenden die Vervollkommnungsfähigkeit des Geistes als eine Fähigkeit an, die sich niemals von selbst entwickeln könne und welche ohne das gelegentliche Zusammentreffen von mehreren fremden Ursachen ewig in ihrem primitiven Zustande verblieben wäre. (Tom. IV, 276f.)

angeborene Trieb nach Wohlsein und die Unmöglichkeit, denselben völlig zu befriedigen, bestimmen uns, unaufhörlich neue Mittel dazu aufzusuchen. Dies ist die erste Grundlage der Wissbegierde, eine dem menschlichen Herzen natürliche Grundlage, dessen Entwicklung jedoch nur nach Verhältnis unserer Leidenschaften und unserer Einsichten geschieht"[1]).

Wie aus vorhergehendem zu ersehen ist, erscheint der Wille nicht nur durch die Naturanlage des Menschen, sondern auch durch den Einfluss der Gefühle und Leidenschaften bis zu einem gewissen Grade bestimmt. Trotzdem erklärt Rousseau den Willen für frei und betrachtet die **Freiheit** als eine **wesentliche Eigenschaft desselben**[2]). Sehen wir zu, worin diese Freiheit nach ihm besteht! „Meine Freiheit, sagt er, besteht darin, dass ich nur wollen kann, was mir zuträglich ist oder was ich dafür halte, und ohne dass irgend etwas mir Fremdes mich bestimmt[3]). Mein Wille ist unabhängig von meinen Sinnen; ich willige nun ein oder widerstehe; ich unterliege oder siege, stets fühle ich ganz deutlich in meinem Innern, ob ich gethan habe, was ich habe thun wollen, oder ob ich nur meinen Leidenschaften nachgegeben habe. Stets habe ich die Macht, zu wollen, nicht immer aber die Kraft, das Gewollte auch durchzuführen. Überlasse ich mich den Versuchungen, so handle ich dem Antriebe äusserer Objekte gemäss. Mache ich mir wegen dieser Schwäche Vorwürfe, so höre ich nur meinen Willen; ich bin Sklave durch mein Laster, aber frei durch mein Gewissen; das Gefühl meiner Freiheit erlischt in mir nur bei vollständiger sittlicher Verdorbenheit, und wenn ich endlich die innere Stimme der Seele verhindere, sich gegen die Herrschaft des Körpers zu erheben"[4]).

Hiernach besteht die Freiheit des Willens bei Rousseau in der jederzeit vorhandenen Kraft, zu wollen, und ist von der Freiheit des Handelns wohl zu unterscheiden; denn während der Mensch jene Kraft immer besitzt, hat er doch nicht jederzeit die Kraft, „das Gewollte auch auszuführen"[5]).

---

[1]) Tom. VIII, 317. — Cf. IX, 71.
[2]) Dass die Freiheit nach Rousseau die für die Menschennatur am meisten charakteristische Eigenschaft ist, ist aus dem 2. Discours schon zu ersehen: „C'est surtout dans la conscience de cette liberté que se montre la spiritualité de son âme." Tom. IV, 244. — Cf. ausserdem Tom. IV, 205 f; 210; 307; 311.
[3]) Tom. IX, 46.
[4]) Tom. IX, 45.
[5]) Am Schlusse dieser Ausführungen erwähnen wir noch folgende, für seine ganze Naturanschauung wichtige Stelle: „En méditant sur la nature de l'homme, j'y crus découvrir deux principes distincts, dont l'un l'élevoit à l'étude des vérités éternelles, à l'amour de la justice et du beau moral, aux régions du monde intellectuel dont la contemplation fait les délices du sage, et dont l'autre le ramenoit bassement en lui-même, l'asservissoit à l'empire des sens, aux passions qui sont leurs

Nach alledem, was Rousseau hinsichtlich des Willens äussert, geht hervor, dass er in ihm eine eigenartige Seite der geistigen Natur erblickt, die gleich der Gefühlsseite dem Intellekte an Wichtigkeit voransteht[1]).

Das in vorstehendem gezeichnete Bild liegt der Rousseauschen Pädagogik zu Grunde, sofern es sich um die männliche Natur handelt. Seine Anschauungen über die weibliche Natur zeigen im Vergleiche zu jenen folgende Abweichungen[2]).

In allem, führt er selbst bei seinem Vergleiche aus, was sich nicht auf das Geschlecht bezieht, ist das Weib dem Manne gleich. Es hat dieselben Organe, dieselben Bedürfnisse, dieselben Fähigkeiten. Die Maschine ist auf dieselbe Weise konstruiert, die Stücke derselben sind die nämlichen, das Spiel der einen ist dasselbe wie das der andern. Die Gestalt ist ähnlich, und unter welchen Beziehungen man beide auch betrachten möge, so unterscheiden sie sich nur durch ein Mehr oder Weniger.

In allem was sich dagegen auf das Geschlecht bezieht, haben Weib und Mann überall Ähnlichkeiten und überall Verschiedenheiten[3]). Indem Rousseau untersucht, „was in der Konstitution eines jeden das Geschlecht angeht und was nicht", findet er mit Gewissheit, „dass alles Gemeinsame der Gattung, alles Verschiedene dem Geschlechte angehört"[4]).

Welche Verschiedenheiten entdeckt nun Rousseau im einzelnen bei seinem Vergleiche der männlichen mit der weiblichen Natur?

Als „ersten wahrnehmbaren Unterschied zwischen den moralischen Verhältnissen des einen und des andern Geschlechts" bezeichnet er den: „Der eine soll thätig und stark, das andere leidend und schwach sein. Das eine muss notwendig wollen und können, für das andere genügt es, einen schwachen Widerstand zu leisten[5])."
Ferner bemerkt er: Indem das höchste Wesen dem Manne Neigungen ohne Mass verlieh, gab es ihm gleichzeitig das Gesetz, welches dieselben regelt, damit er frei sei und sich selbst beherrsche. Und indem es dem Weibe unbegrenztes Verlangen gab, gesellte es zu diesem Verlangen die Scham, um es im Zaume zu halten[6]). Aus der verschiedenen Naturanlage der beiden Geschlechter schliesst er

---

ministres, et contrarioit par elles tout ce que lui inspiroit le sentiment du premier." .
[1]) Gössgen, a. a. O. 25.
[2]) Rousseau hat der Erforschung der weiblichen Natur viel geringere Aufmerksamkeit zugewendet als dem Studium der männlichen. Insofern er das weibliche Wesen im Verhältnisse zu letzterem darstellt, sind seine diesbezüglichen Anschauungen mit in Betracht zu ziehen.
[3]) Tom. IX, 219.
[4]) u. [5]) Tom. IX, 220. — Hieraus folgert er „als Bestimmung des Weibes die, dem Manne zu gefallen". (IX, 220).
[6]) Tom. IX, 223.

sodann, „dass der Stärkere dem Anscheine nach der Herr ist, in der That aber von der Schwächeren abhängt, und zwar nach einem unabänderlichen Naturgesetze, welches dem Weibe eine grössere Leichtigkeit gab, Verlangen zu erregen, als dem Manne, sie zu befriedigen. So machte es diesen, möge er es anstellen, wie er wolle, abhängig von der Geneigtheit des Weibes und zwang ihn, dass er auch seinerseits ihm zu gefallen suche, damit ihm das Weib auch einräume, der Stärkere zu sein [1]).

Wenn wir nach dieser allgemeinen Charakterisierung der weiblichen Natur und ihrer Stellung zum männlichen Geschlechte Rousseau fragen, mit welchen geistigen Anlagen die Natur das Weib ausgerüstet habe, so antwortet er: Die Natur hat es nicht geboten, dass der Mann, um seine Gefährtin besser unterwerfen zu können, bewirkt, dass sie nichts fühlt und dass sie nichts weiss, dass er einen wahrhaften Automaten aus ihr macht, sondern sie will im Gegenteil, dass das Weib denke, dass es urteile, dass es liebe, dass es Kenntnisse erwerbe, dass es seinen Geist pflege wie seinen Körper [2]). Das sind die Waffen, fügt er hinzu, welche ihm die Natur als Ersatz für die ihm versagte Stärke [3]) gegeben hat [4]).

Während so Rousseau der weiblichen Natur dieselben geistigen Fähigkeiten zuspricht wie der männlichen, sind doch die der ersteren von denen der letzteren qualitativ verschieden. War es eine Eigenheit des männlichen Urteils, dass dasselbe lediglich auf seine eigene Einsicht und Überzeugung gegründet, also selbständig gefällt wird, so sind „die Frauen nach dem Gesetze der Natur, sowohl was sie selbst als ihre Kinder betrifft, von dem Urteil der Männer abhängig" [5]). Da das Verständnis sich bei den Mädchen früher entwickelt als bei den Knaben [6]), sind erstere im allgemeinen lenksamer als diese. Trotzdem reicht ihre Fassungskraft nicht heran an die der Knaben [7]). Ihre Vernunft ist eine praktische, welche sie sehr geschickt die Mittel zur Erreichung eines bekannten

---

[1]) Tom. IX, 224.
[2]) Tom. IX, 234.
[3]) Tom. IX, 251 bezeichnet Rousseau die dem weiblichen Geschlecht von der Natur verliehene eigentümliche List als eine sehr billige Entschädigung für seinen Mangel an Stärke.
[4]) Tom. IX, 234, 336: „L'empire de la femme est un empire de douceur, d'adresse et de complaisance; ses ordres sont des caresses, ses menaces sont des pleurs."
[5]) Tom. IX, 235: Daher ist die erste und wichtigste Eigenschaft einer Frau die Sanftmut (IX, 247). — Auch ihr Glaube ist der Autorität unterworfen (IX, 264). — Übrigens ist „Abhängigkeit überhaupt ein den Frauen natürlicher Zustand, und die Mädchen fühlen sich zum Gehorchen geschaffen". (IX, 247).
[6]) Tom. IX, 244.
[7]) Tom. IX, 263: „Die Frauen haben ein viel früher entwickeltes Urteil als die Männer; notwendigerweise muss ihnen das Gute und das Böse früher bekannt sein" (IX, 312). „Auch sprechen sie früher, leichter und angenehmer als die Männer" (IX, 261).

Zieles, nicht aber dieses selbst finden lässt[1]). Ist der männliche Geist imstande, bis zu den höchsten Prinzipien aufzusteigen, so ist es der weiblichen Natur eigen, in das Einzelne einzudringen[2]). Während bei dem Manne überhaupt der Verstand vorwaltet, steht das Weib mehr unter der Herrschaft des Gefühls. Aus ihm erwachen alle jene natürlichen Tugenden, welche von ihrer Lebensstellung unzertrennlich sind: der Gehorsam und die Treue, welche sie ihrem Manne, die Zärtlichkeit und Sorgfalt, welche sie ihren Kindern schuldet, sind so natürliche und offenbare Folgen ihrer Stellung, dass sie, ohne unredlich zu sein, dem sie leitenden innern Gefühle ihre Zustimmung nicht versagen, noch die Pflicht in ihrer noch unverdorbenen Neigung verkennen kann[3]). Wie das Verständnis, entwickelt sich auch das Gefühl für das Schickliche und Ehrbare früher bei den Mädchen als bei den Knaben[4]).

Ihre wahre Ausprägung und Bedeutung gewinnen beide Naturen erst dadurch, dass sie durch ihre Vereinigung einander ergänzen. Das eigentümliche Verhältnis, welches hieraus entsteht, beschreibt Rousseau folgendermassen: Aus dieser Geselligkeit entsteht ein moralisches Wesen, von welchem die Frau das Auge, der Mann der Arm ist. Beide sind aber so voneinander abhängig, dass der Mann es ist, welcher die Frau lehrt, was sie sehen, und die Frau, welche den Mann lehrt, was er thun soll. In der Harmonie, welche zwischen beiden herrscht, dient alles einem gemeinsamen Zwecke. Man weiss nicht, welches am meisten dazu beiträgt[5]). Jedes folgt dem Anstoss des andern, jedes gehorcht, und alle beide sind Herren[6]).

Wie aus diesen Zügen zu ersehen ist, ist Rousseau hinsichtlich seiner Auffassung des weiblichen Wesens noch sehr in den sozialen Anschauungen seiner Zeit befangen[7]).

Nachdem wir in vorstehendem die anthropologischen Anschauungen Rousseaus in rein sachlicher Weise zur Darstellung gebracht haben, wollen wir versuchen, dieselben einer kurzen **kritischen Prüfung** zu unterziehen.

---

[1]) Tom. IX, 264, 278: „La raison qui mène l'homme à la connoissance de se devoirs n'est pas fort composée; la raison qui mène la femme à la connoissance des siens est plus simple encore."
[2]) Tom. IX, 264, 283: „La présence d'esprit, la pénétration, les observations fines, sont la science des femmes; l'habilité de s'en prévalvir est leur talent."
[3]) Tom. IX, 278.
[4]) Tom. IX, 260. — Bezüglich der Höflichkeit beobachtet Rousseau den natürlichen Unterschied zwischen beiden Naturen, dass die Höflichkeit der Männer mehr dienstfertig, die der Frauen mehr einschmeichelnd ist (IX, 261 f.).
[5]) Cf. dagegen tom. IX, 220.
[6]) Tom. IX, 263; 186.
[7]) Tom. IX, 278.

Im Interesse sowohl eines tieferen Verständnisses als auch einer objektiven Würdigung derselben wird es hierbei vor allem darauf ankommen, sich darüber Rechenschaft zu geben, wie er zu ihnen gelangt ist, welche Beziehungen und Faktoren auf ihre Ausprägung von Einfluss waren. Die Methode Rousseaus ist, wie er selbst betont, die empirische oder „die Methode der Natur"[1]). Sie besteht in andauernder und sorgfältiger Beobachtung und Erforschung der Kindesnatur[2]). Obschon diese Methode nicht neu war, so gebührt Rousseau ohne Zweifel das Verdienst, ihr durch das Feuer seiner Beredsamkeit zu weitgehender und bleibender Bedeutung und Anwendung auf dem Gebiete der Erziehung verholfen zu haben. Auch lässt sich nicht leugnen, dass er mit Hilfe derselben infolge der ihm eigenen scharfen Beobachtungsgabe ausser offen daliegenden auch versteckte, sogar feine und zarte Seiten in der Kindesnatur glücklich erkannt hat.

So sehr nun aber auch Rousseau auf diese Methode überall hinweist und so sicher er auch selbst darauf pocht, so würde man sich doch einer Täuschung hingeben, wollte man ihm ohne weiteres Glauben schenken und seine Anschauungen über die Kindesnatur in ihrem ganzen Umfange lediglich als Früchte jener Methode, als Resultate thatsächlich eigener Beobachtung ansehen. In Wirklichkeit bilden wohl die durch eigene Beobachtung gewonnenen Anschauungen den Grundstock seiner Naturauffassung; auf die weitere Ausgestaltung derselben haben indessen die verschiedensten Faktoren ihren Einfluss geltend gemacht. Suchen wir jetzt diesen Einfluss festzustellen!

Wenn Rousseau von sich gesteht: Meine Art, zu sehen, ist eine andere als die anderer Menschen[3]), so findet dieses Bekenntnis eine gewisse Bestätigung in der eigentümlichen Thatsache, dass in Rousseaus Naturauffassung offenkundige Verstösse gegen alle Erfahrung mit Beobachtungen, welche von psychologisch bemerkenswerter Feinheit zeugen, in auffälligster Weise vereinigt sind. Der tiefere Grund dieser sonderbaren Erscheinung ist in erster Linie in dem Umstande zu suchen, dass Rousseau, der ja in allem, was er schrieb, seine Eigenart zu erkennen gab, auch die Natur des Kindes unter dem Eindrucke seiner eigenen betrachtete und Züge der letzteren unvermerkt auf die Natur des Kindes übertrug[4]). Wir erinnern in dieser Beziehung nur an jenes der

---

[1]) Tom. VIII, 136; 209; IX, 131. — [2]) Tom. VIII, 516.
[3]) Tom. VIII, 13. — Cf. den Anfang der Confess. (tom. I, 3 ff.).
[4]) Rousseau meinte ja, dass sein einsames und zurückgezogenes Leben es ihm ermögliche, die wahre Natur, die Grundzüge zu finden, die durch äussere, künstliche Verhältnisse, welche Kultur und soziales Leben mit sich führen, verwischt und verdreht waren. Cf. Höffding, a. a. O. 108.

Menschennatur nach ihm wesenhafte Bedürfnis nach Freiheit und Unabhängigkeit, sowie an die hohe Bedeutung, welche er dem Gefühle zuschrieb. Dass er diesen Momenten eine solche hervorstechende Bedeutung zuerkannte, dürfte schwerlich auf eigene Beobachtung des kindlichen Wesens als vielmehr auf die in seinem eigenen Wesen wahrzunehmenden gleichen Tendenzen zurückzuführen sein. Wie so die Eigenart seiner Natur von bestimmendem Einflusse auf seine Auffassung der Kindesnatur war, so war es nicht minder die in seltenem Grade reiche und mannigfaltige **Erfahrung**[1]), die er in Bezug auf die Menschen überhaupt gemacht hatte. Indem er aus dieser Erfahrung alle Verschiedenheit und alles Erkünstelte ausschied, glaubte er in dem allen Menschen Gemeinsamen das Wesenhafte der Menschennatur gefunden zu haben und schrieb es alsdann der durch keinerlei Einflüsse entstellten Kindesnatur zu. Dass er durch diese Quelle seine thatsächliche Einzelbeobachtung ergänzte, gesteht er selbst. Ich stütze mich, sagt er, nicht auf das, was ich erdacht, sondern auf das, was ich gesehen habe. Es ist wahr, ich habe meine Erfahrungen nicht bloss innerhalb der Mauern der Stadt, noch auch unter einer Klasse von Menschen gesammelt; allein, nachdem ich während meines der Beobachtung gewidmeten Lebens[2]) so viele Stände und Völker verglichen habe, habe ich alles dasjenige als erkünstelt ausgeschieden, was nur dem einen Volke und dem einen Stande und nicht zugleich dem andern eigen war, und nur das als unbestreitbar allen Menschen zugehörig betrachtet, was allen, welchem Alter, welchem Range und welcher Nation sie auch angehören mochten, gemeinsam war[3]).

Als ein weiterer für die Ausgestaltung seiner Naturanschauung n Betracht zu ziehender Faktor ist bis zu einem gewissen Grade die objektive Natur zu erwähnen. Manche der Kindesnatur von ihm ohne weiteres zugeschriebenen Eigenschaften haben sicherlich ihre Quelle in seinen Beobachtungen der äusseren Natur. So liegt z. B. nach unserer Anschauung eine Bezugnahme auf die objektive Natur viel näher, wenn er die Beobachtung macht, dass sich die Natur von innen heraus, aus sich selbst entwickelt, oder wenn er ferner viel Gewicht darauf legt, dass ihre Entwicklung langsam und ohne Sprünge geschehe. Dazu fehlt es ja auch seiner

---

[1]) In seinen Confess. unterscheidet Rousseau selbst die durch Erfahrung gewonnenen Ansichten von den durch Beobachtung erzielten (part. I, livr. II; tom. I, 96).
[2]) Die Anregung zum „Studium der Menschen", seiner Lieblingsbeschäftigung, führt Rousseau auf Fräulein du Chatelet zurück (Confess. partie I, livre IV; tom. I, 273).
[3]) Tom. VIII, 516 f.

Pädagogik nicht an zahlreichen Analogien mit der ihn umgebenden äussern Natur[1]).

Noch andere Züge seines Naturbegriffes weisen auf die **früheren Entwicklungsstadien seiner Naturanschauung** hin. So ist jene für seine Psychologie, Ethik und Pädagogik charakteristische und bedeutungsvolle Anschauung von der ursprünglichen Güte der Menschennatur offenbar nicht auf dem Wege der Erfahrung und Beobachtung gewonnen, sondern von seinem theologischen Naturbegriff entlehnt und mit dem anthropologischen verschmolzen worden. In gleicher Weise machten auch die Ergebnisse seiner im Discours de l'inégalité angestellten Nachforschungen über den Naturzustand ihren Einfluss auf seine Ansicht über die Kindesnatur in mehr denn einer Hinsicht geltend[2]). So erinnern unverkennbar daran das so oft zur Stütze seiner Anschauungen herbeigezogene Leben der Wilden[3]), das klassische Altertum[4]), das primitive Land- und Hirtenleben[5]), sowie sein Preis der natürlichen Unwissenheit und die Langsamkeit der geistigen Entwicklung[6]).

Was von den beiden früheren Formen seines Naturbegriffes hinsichtlich ihrer Beziehung zum pädagogischen Naturbegriff gilt, gilt bis zu einem gewissen Grade von seinen früheren Anschauungen überhaupt; denn je tiefer man seinen Gedankengängen nachspürt, um so mehr Fäden finden sich, welche von ihm fortgesponnen werden, und um so mehr Anschauungen begegnet man, welche bald in gleicher Form, bald in modifizierter Gestalt wieder auftauchen und welche schliesslich in dem alles beherrschenden Naturbegriff bei ihm eine merkwürdige Synthese eingehen. Sein eigenes Bekenntnis, das er nach einem Rückblicke auf seine Wirksamkeit gegenüber dem Erzbischof von Beaumont ablegte, findet auch hier seine Bestätigung. Dort sagt er: Ich habe über verschiedene Materien geschrieben, aber immer nach einerlei Grundsätzen: Immer dieselbe Moral, denselben Glauben und auch dieselben Meinungen[7]).

---

[1]) Tom. VIII, 18; 20; 23; 36; 96 u. a. — Dass letztere von ihm Berücksichtigung erfahren und ihren Einfluss auf seine Anschauung bezüglich der subjektiven Natur geltend machen musste, wird begreiflich, wenn wir uns einerseits erinnern, einer wie warmen, scharfen und sinnigen Auffassung der äusseren Natur der Verfasser der Nouvelle Hélioïse und der Confess. fähig gewesen und wenn wir anderseits bedenken, wie wenig Gelegenheit er selbst eigentlich gehabt, Kindesnaturen zu belauschen, weder eigene noch fremde.

[2]) Da die historische Anthropologie zeigt, dass die Grundtendenzen des Menschen im wesentlichen immer dieselben bleiben, so ist obiger Einfluss zum guten Teil berechtigt.

[3]) Tom. VIII, 459; 492; 517 f.; 527.

[4]) Tom. IX, 191.

[5]) Tom. VIII, 445.

[6]) In dieser Beziehung verweist er selbst auf den zweiten Discours (VIII, 527).

[7]) Philosophische Werke, a. a. O. I, 208.

Um ein weiteres Moment noch hervorzuheben, welches für Rousseaus Naturauffassung, insbesondere für das befremdliche derselben, zu beachten ist, muss an jenen Umstand erinnert werden, dass er seine Ansichten kund gab im Gegensatze zu der herkömmlichen und allgemeinen Nichtachtung und Verkennung der Kindesnatur [1]). Ohne Zweifel ist es diesem Beziehungspunkte zuzuschreiben, wenn er, um ja die Aufmerksamkeit auf sich und besonders auf das Neue seiner Anschauungen zu lenken, sich so oft in Extreme und Widersprüche verirrte.

Wie oben schon angedeutet, stellte sich unser Begriff als ein eigenartiger Verknüpfungspunkt der verschiedensten und besonders auch der grundlegendsten Ansichten Rousseaus dar. Damit hängt ferner zusammen, dass in ihm auch seine durch autodidaktische Studien [2]) und eigene Reflexion gewonnenen allgemein philosophischen Überzeugungen mehr oder minder zum Ausdruck kamen. Eine tiefer gehende Analyse dieses Begriffes hat deshalb auf diesen philosophischen Hintergrund, auf seine allgemeine Stellung zu den herrschenden Geistesrichtungen seiner Zeit Rücksicht zu nehmen [3]).

Werfen wir zu diesem Zwecke einen flüchtigen kritischen Blick auf die oben dargelegten Anschauungen, so bemerken wir, dass Rousseaus Erkenntnistheorie in unverkennbar nächster Beziehung zum Lockeschen Empirismus steht. Ohne hier dieses Abhängigkeitsverhältnis im einzelnen nachzuweisen, sei zur allgemeinen Kennzeichnung desselben nur gesagt, dass Rousseau diesem Vorgänger in fast allen wesentlichen Punkten gefolgt ist und nur an verhältnismässig wenigen und weniger bedeutenden Stellen sich von ihm entfernt oder in bewussten Gegensatz zu ihm gestellt hat [4]).

Dieser Abhängigkeit von Locke sich bewusst, sucht er nun dessen Empirismus zu verteidigen gegen die Extreme und Ent-

---

[1]) Tom. VIII, 516; 110; 173: „Approfondissez toutes les règles de votre éducation, vous les trouverez ainsi toutes à contre-sens, surtout en ce qui concerne les vertus et les moeurs."

[2]) Über den Betrieb derselben cf. Confess., p. I, livre VI; tom. I, 378 ff.

[3]) Was seine Studien in Chambéry, wo er besonders eifrig studierte, anlangt, so berichtet er selbst: „Je commençois par quelque livre de philosophie, comme la Logique de Port-Royal, l'Esai de Locke, Malebranche, Leibniz, Descartes, etc. (Confess. tom. I, 383. — Cf. auch I, 391).

[4]) Um nur einiges anzuführen: Rousseau macht im Gegensatz zu Locke schon die Bildung der einfachen Ideen von der Aktivität des Geistes abhängig (Cf. Essay. Übersetzt von v. Kirchmann, 2. Aufl. I, 120), erhebt ferner das Gefühl zu einer selbständigen Quelle der Ideen und begründet darauf sein System der Moral. — Eine genaue Untersuchung über das Verhältnis Rousseaus zu Locke hat Corwin, a. a. O., angestellt.

stellungen, welche derselbe auf französischem Boden in dem Sensualismus eines Condillac[1]) und Helvetius[2]), sowie in dem Materialismus eines Diderot und Holbach erfahren hatte[3]). Liegen diese Beziehungen seiner Philosophie offen zu Tage, so fehlt es auch nicht an mancherlei Zusammenhängen, welche zwischen anderen Richtungen der Philosophie und seinen Grundanschauungen ohne Zweifel vorhanden waren und welche gleichfalls, wenn auch in mehr versteckter Weise, auf die Ausprägung seiner philosophischen Ansichten von Bedeutung wurden. So scheint seine Stellung zu Wissenschaft und Kunst, zu Gesellschaft und Kultur mit seinem Studium der neueren Skepsis[4]) in naher Beziehung zu stehen[5]), während anderseits seine optimistische und harmonistische Weltanschauung in dem Studium von Leibniz und Plato eine ihrer Quellen haben dürfte. War ferner für die dualistische Auffassung seines Substanzbegriffes wie auch für den Gang seiner religionsphilosophischen Untersuchungen die Descartsche Philosophie von bestimmendem Einflusse[6]), so bewahrt er sich anderseits ihr gegenüber eine gewisse Selbständigkeit, indem er die kausale Weltanschauung derselben energisch bekämpft, um an der von Plato und Aristoteles zur Geltung gebrachten und durch das ganze Mittelalter hindurch herrschenden

---

[1]) Condillac erkennt nicht mehr wie Locke in der inneren Wahrnehmung eine zweite, selbständige Quelle von Vorstellungen neben der sinnlichen Wahrnehmung an, sondern sucht aus der letzteren als der einzigen Quelle alle Vorstellungen abzuleiten. Cf. Überweg-Heinze, a. a. O. III, 1. p. 217.

[2]) Auch Helvetius betrachtet die Sensation als einzige Quelle der Erkenntnis.

[3]) Über seinen Verkehr mit den encyklopädistischen Freunden cf. Confess. p. II., l. VII; Tom. II, 115 ff, wo er auch ihren Einfluss auf seine Entwicklung zu schätzen weiss. — Besonders beobachten lässt sich seine Stellung zum Sensualismus und Materialismus bei der Fixierung der Begriffe Substanz, Materie, Wille und Seele in „Profession de foi du ricaire de Savoyard". (Tom. IX, 12 ff.)

[4]) Rousseau hatte Pierre Bayle fleissig studiert. („Madame de Warens ne parloit que de Bayle". Confess. p. I. l. III; Tom. I. 175). Bayle, der mit seinem zersetzenden Zweifel von bedeutendem Einfluss auf die ganze geistige Entwicklung des 18. Jahrhunderts gewesen ist, wird auch auf Rousseau nicht ohne Einfluss geblieben sein. (Überweg-Heinze, a. a. O. III, 1. 93.)

[5]) In Bezug auf den ersten Discours weist Krueger („Fremde Gedanken in J. J. Rousseaus 1. Discours. Diss. Halle. 1891) nach, dass Rousseau alles Brauchbare und Interessante anderswo aufgelesen hat. Insbesondere zeigt er die Verwandtschaft und Anklänge, welche sich zwischen der skeptischen Ansicht Rousseaus vom menschlichen Wissen und den Anschauungen eines Agrippa von Nettesheim (de incertitud. et vanitate scientiar.), eines Lilio Gregorio Giraldi, eines Bernard Mandeville, sowie eines Montaigne und Hobbes finden.

[6]) Cf. Tom. VIII, 521; Tom IX, 15; 28.

teleologischen Auffassung festzuhalten. Wenn er schliesslich in ethischen und religiösen Fragen gegenüber dem Intellektualismus der Aufklärungsphilosophie auf Gefühlsmoral und Gefühlsreligion dringt, so liegen hier unstreitig Einflüsse der englischen Moralphilosophen, besonders Shaftesburys[1]), vor[2]).

Alle diese Beziehungen seiner im wesentlichen eklektischen Philosophie sind neben den vorher angeführten Faktoren mit ins Auge zu fassen, um die eigenartige Ausprägung seiner anthropologischen Anschauungen zu verstehen. Diese kritischen Betrachtungen, welche den Quellen und Bedingungen der Entstehung und Gestaltung der Rousseauschen pädagogischen Naturanschauung nachgingen, dürften für das historische Verständnis derselben genügen. Eine anderweite, sonst öfter zu findende Kritik, nach Massgabe des heutigen Standpunktes der Wissenschaft seine Anschauungen einer Prüfung zu unterwerfen, scheint uns, wenn überhaupt gerechtfertigt[3]), für unseren Zweck nicht erforderlich.

Als Resultat vorstehender Betrachtung geht hervor, dass der pädagogische Naturbegriff Rousseaus ein aus den verschiedensten Elementen zusammengesetzter Begriff ist. In ihm sind die Beobachtungen der Kindes- und Menschennatur mit den Grundtendenzen sowohl seines eigenen Wesens als auch seiner allgemein philosophischen Anschauungen eine merkwürdige Synthese eingegangen. Dieser eigentümlichen Entstehungsweise zufolge tritt uns der an und für sich sonst so fassbare und klare Begriff der Menschennatur bei Rousseau entgegen als ein Begriff, in welchem gar vielseitige und unter einander mannigfach verwickelte Beziehungen eingeschlossen sind.

---

[1]) Shaftesbury findet — wie Rousseau — das Sittliche in der Natur des Menschen begründet und legt den Leidenschaften („Theorie der Affekte") eine ausserordentlich hohe Bedeutung bei. Ferner tritt bei ihm die Verbindung des moralischen mit dem ästhetischen Gesichtspunkte bereits hervor, wie er auch die Tugend mit der Glückseligkeit in nahe Verbindung bringt. (Überweg-Heinze, a. a. O. III, 1. 156 ff.) — Auf seine religionsphilosophischen Ideen waren auch von Einfluss Malebranche und Fénelon.

[2]) Dass der Rousseausche Naturbegriff wie der der Reformpädagogiker des 16. und 17. Jahrhunderts (Dinkler, Der Begriff der Naturgemässheit etc. Diss. Leipzig 1897.) auch mit den Anschauungen der Stoiker (besonders Epiktets) und der Philosophen der Renaissance (besonders Campanellas) manche Berührungspunkte hat, sei nur nebenbei erwähnt

[3]) Wir bekennen uns in dieser Beziehung zu der oben p. 3 Anm. 1 erwähnten Anschauung E. v. Sallwürks.

[4]) Übrigens verweisen wir hier auf die an den einzelnen Stellen bereits eingeflochtenen, sowie auf die an geeigneter Stelle noch folgenden kritischen Bemerkungen.

III.

Feststellung der typischen Züge in Rousseaus Anthropologie und der daraus resultierenden pädagogischen Konsequenzen.

Wenden wir uns nun der Aufgabe zu, die Geltendmachung des Naturprinzips in Rousseaus Pädagogik nachzuweisen, so wird es sich darum handeln, zu zeigen, ob bez. wie jene anthropologischen Anschauungen seinen pädagogischen Massnahmen wirklich zu Grunde liegen.

Für die Lösung dieser Aufgabe bieten sich uns verschiedene Wege.

Wollte man der Rousseauschen Pädagogik am nächsten sich anschliessen, so müsste man den einzelnen Lebensaltern folgen und in jedem die eigenartigen nahen Beziehungen seiner Ratschläge zur Natur des Zöglings aufweisen. Dieses Verfahren hätte wohl den Vorzug, den engsten Anschluss der pädagogischen Maximen an die leibliche und geistige Entwicklung klar zum Bewusstsein zu bringen, würde jedoch einer Rekapitulation seines Émile sehr ähnlich sehen, auf mehr oder weniger ausgetretene Pfade geraten und allzu häufiges Wiederholen nicht gut vermeiden können.

Eine weitere Lösungsart wäre die, vom Standpunkte der Systematik (Ziel, Mittel, Methode, Arten etc. der Erziehung) aus jenen Parallelismus zwischen Menschennatur und pädagogischer Theorie und Praxis zu prüfen.

Ein solcher Versuch bringt Klarheit und Übersicht in die Fülle seiner pädagogischen Winke, verfällt aber gar leicht dem Fehler, dem System zuliebe der Sache selbst Zwang anzuthun, systematische Gesichtspunkte als bewusst vorhandene Grundlagen seiner Pädagogik ihm unterzuschieben und ihn so systematischer erscheinen zu lassen[1]), als er thatsächlich ist. Eine derartige Darstellung gewährt leicht den Eindruck des Schablonenhaften und Gesuchten, wie es begreiflicherweise kaum anders sein kann, wenn eine vorwiegend auf intuitiver Grundlage beruhende, zwanglos und populär dargelegte Pädagogik in die Formen einer nach hundertjähriger Ausgestaltung zur Wissenschaft erhobenen Disziplin gefasst werden soll[2]).

---

[1]) So findet Bakitsch, a. a. O. in der Rousseauschen Pädagogik die Herbartsche Dreiteilung: Regierung, Zucht, Unterricht; die 5 sittlichen Ideen, sogar die „mittelbare Erziehung" vor. — Die Arbeit von Walsemann (Die Pädagogik des J. J. Rousseau und J. B. Basedow etc. 1885) wie auch die von Spitzner, a. a. O., teilen oben erwähnten Mangel bis zu einem gewissen Grade.

[2]) Wir erinnern auch hier wieder an das Urteil E. v. Sallwürks (Cf. oben pag. 3.)

Auf beiden Wegen können ausserdem die durchschlagenden, den Charakter der Rousseauschen Menschennatur und der ihr entsprechenden Pädagogik markierenden Züge schwerlich derart in den Mittelpunkt der Betrachtung treten, wie dies von einer Sonderarbeit wohl erwartet werden dürfte. Wir hoffen darum, sowohl jener Bedenken uns am ehesten entschlagen als auch den Zweck unserer Aufgabe am sichersten erreichen zu können, wenn wir an der Hand eines Rückblicks zunächst die Hauptkriterien, die typischen Züge, des Rousseauschen Naturbegriffes hervorkehren und alsdann prüfen, ob die aus ihnen resultierenden pädagogischen Konsequenzen sich als durchgreifende Tendenzen seiner Pädagogik erweisen [1]). Auf diese Weise wird das innerlich Zusammengehörende, das sich an den verschiedenen Stellen nicht nur des Émile, sondern auch seiner andern Werke zerstreut vorfindet, aneinander gerückt, und die Grundforderungen seines Prinzips treten plastischer zur Erscheinung. — Eine Überfülle von Zügen verwischt ein Bild, wenige, hervorstechende machen es deutlich.

Suchen wir demnach zuerst aus der Summe der oben skizzierten anthropologischen Anschauungen diejenigen herauszuheben, welche seiner Naturauffassung vor allem das charakteristische Gepräge verleihen und die infolge dieser Bedeutung zugleich eine Anzahl anderer Züge derselben in sich schliessen.

1) Als ein derartiges hervorstechendes und bedeutungsvolles Kriterium giebt sich uns zunächst das Merkmal der ursprünglichen Güte [2]) zu erkennen, welches Rousseau der menschlichen Natur zu-

---

[1]) Diese Betrachtungsart dürfte der Bedeutung der Rousseauschen Erziehungstheorie am meisten entsprechen. Ihre Bedeutung ist unsers Erachtens weniger in der Menge und Brauchbarkeit ihrer einzelnen und oft bis ins einzelste gehenden pädagogischen Winke und Massnahmen, als vielmehr in dem Geiste und der Tragweite ihrer Grundtendenzen zu suchen. Soll auf diese aber das rechte Licht fallen, so ist es nötig, sie in dem Gesamtgeiste aufzufassen, von welchem seine ganze Pädagogik getragen war. — Sehr beachtenswert sind in dieser Beziehung für die Auffassung seines Werkes jene Stellen, an denen er selbst die Absichten darlegt, die ihn bei der Abfassung desselben leiteten. So sagt er z. B. (VIII, 156), dass er nicht die Absicht habe, auf alle Einzelheiten einzugehen (cf. auch VIII, 434; 504), sondern dass es ihm darauf ankomme, die allgemeinen Grundsätze aufzustellen und nur in schwierigen Fällen Beispiele hinzuzufügen (VIII, 352). Was die Bedeutung der letzteren anlangt, so ist jene Stelle nicht immer genügend beachtet worden, an der es heisst: „Meine Beispiele mögen vielleicht in einem Falle gut sein, in tausend anderen Fällen sind sie unpassend. Fasst man sie aber ihrem Geiste nach auf, so wird man sie nach Bedürfnis richtig umzuändern wissen (VIII, 375). — „Dies ist der Geist der Methode, nach der zu verfahren man sich zur Vorschrift machen sollte. Beispiele und Einzelheiten sind hierbei unnütz." (VIII, 451)

[3]) Siehe oben pag. 13; 23; 35; 42 f. — Oncken (Zeitalter Friedrichs des Grossen, 2. Bd. 82; p. 404): „Für Rousseaus Gesamtanschauung von Welt und Menschen, Leben und Erziehung ist kein Satz bezeichnender

erkennt. Es bedarf kaum des Nachweises, dass dieses Merkmal ein herrschender Gesichtspunkt ist, unter welchem Rousseau die Natur des Menschen betrachtet. Liegt er doch, wie schon ein flüchtiger Blick auf seine Anthropologie zeigt, sowohl seinen Ansichten über den gesamten Organismus als auch nicht weniger seiner Auffassung der einzelnen Teile und Kräfte desselben unverkennbar zu Grunde[1]).

2) Ein weiterer für die Naturanschauung Rousseaus charakteristischer Zug tritt uns entgegen, wenn wir uns seine Ansichten über die physische Natur und deren Bedeutung für die Entwicklung der psychischen noch einmal vergegenwärtigen. Seine Anthropologie zeichnet sich in dieser Beziehung nicht nur durch eine sorgfältige Beobachtung und ein bemerkenswertes Verständnis für die Beschaffenheit und Bedürfnisse der physischen Natur aus[2]), sondern sie verrät auch ein richtiges Urteil über ihr Verhältnis zur psychischen und ein wohlbegründetes Gewichtlegen auf die Abhängigkeit letzterer von jener[3]). In dieser für seine und auch für die unsrige Zeit beachtenswerten Stellung Rousseaus zur physischen Natur und deren Verhältnis zur psychischen ist ohne Zweifel ein den Charakter seiner Naturanschauung wesentlich mit bestimmendes Moment gegeben.

3) Wenn wir uns ferner seiner Ansichten bezüglich der intellektuellen Seite der Menschennatur erinnern, so beobachten wir als Haupteigentümlichkeit eine auffällige Verkennung bez. Unterschätzung der menschlichen Intelligenz[4]). Sie äussert sich darin, dass Rousseau das Erwachen der intellektuellen Vermögen, entgegen den Tendenzen der Aufklärung, in ein sehr hohes Alter verlegt und den Vermögen selbst eine ungemein langsame Ent-

---

als dieser: Der Glaube an das Gute in der Menschenbrust." — (Wir erblicken indes in der Einseitigkeit dieses Glaubens nicht geradezu den Grund „alter", doch vieler Fehlschlüsse seiner Pädagogik.)
[1]) Infolge der weittragenden Bedeutung, welche dieser Gesichtspunkt in seiner Pädagogik gewinnt, haben viele mit v. Raumer (a. a. O. p. 211) gleich den Stab über seine ganze Pädagogik gebrochen. Abgesehen davon, dass eine derartige Kritik offenkundigen Mangel an historischem Sinn verrät (cf. Paulsen: Aufklärung und Aufklärungspädagogik in Reins enc. Hb. I, 176 ff.), entgeht ihr, dass Rousseau mit dem Begriff „gut" eine doppelte Bedeutung verbindet. (Siehe oben p. 23.) Gegenüber der Heftigkeit, mit welcher dieser oberste Grundsatz vielfach umstritten wird, müssen wir mit Paulsen gestehen: In unserem praktischen Verhalten urteilen wir auch gegenwärtig nicht anders (als Rousseau) und können es nicht. Die Erziehung setzt überall voraus: Es kann aus jedem Menschenkinde, wenn wir es nur an Fleiss und Weisheit, Liebe und Sorge nicht fehlen lassen, ein rechtschaffener und tüchtiger und glücklicher Mensch werden." (System der Ethik, a. a. O. II, 8.) — Cf. Meyer, a. a. O. 113.
[2]) Siehe oben p. 22 ff.
[3]) Siehe oben p. 24 ff.
[4]) Siehe oben p. 25 ff.

wicklung und verhältnismässig geringe Leistungsfähigkeit zuschreibt. Augenfällig bildet auch diese skeptische Ansicht in Bezug auf die Intelligenz einen Faktor, welcher für die Rousseausche Psychologie jederzeit typische Bedeutung behalten wird.

4) Was sodann seine Anschauungen über die Gemütsseite des Menschen betrifft, so begegnen wir einer prinzipiellen Würdigung und Betonung des Gefühls und Willens als eigenartiger und gegenüber dem Verstande wertvollerer Seiten der geistigen Natur[1]).

5) Fügen wir schliesslich zu diesen Kriterien noch ein weiteres, in welchem jene bis zu einem gewissen Grade ihre Begründung haben. Offenbar erhält der Naturbegriff Rousseaus auch dadurch ein eigentümliches Gepräge, dass Rousseau die Natur nicht als etwas Fertiges, für jedes Alter Gleiches betrachtet, sondern dass er sie ansieht als etwas sich Entwickelndes, und zwar aus sich selbst heraus, stufenweise und gesetzmässig sich Entwickelndes[2]).

In diesen Merkmalen hoffen wir die charakteristischen Seiten der Rousseauschen Naturanschauung getroffen, zum mindesten umfassende Gesichtspunkte für eine übersichtliche Betrachtung derselben gefunden zu haben; lassen sich doch die übrigen Züge seines anthropologischen Bildes beim Festhalten jener zwanglos wiedererkennen.

Welche allgemeinen pädagogischen Konsequenzen entsprechen nun diesen Kriterien?

1) Eine Pädagogik, welcher die Ansicht zu Grunde liegt, dass die Natur des Menschen gut ist und dass alles Böse von aussen in sie hineingelangt[3]), wird das Bestreben zeigen, jenen ursprünglichen Zustand solange als möglich zu erhalten, die Natur des Kindes demnach vor allen verderblich wirkenden äusseren Einflüssen thunlichst zu bewahren und in vollster Freiheit sich entwickeln zu lassen[4]).

2) Stützt sich ferner eine Pädagogik auf die Anschauung innigster Wechselbeziehung zwischen körperlicher und geistiger Natur, so muss sie, falls sie konsequent sein will, die Tendenz in sich tragen, die geistige Ausbildung nicht nur in nächste Beziehung zu setzen zur körperlichen, sondern die Entwicklung der physischen Natur prinzipiell im Interesse jener anzustreben und zu fordern.

3) Dem verhängnisvollen psychologischen Irrtum, nach welchem das Erwachen der geistigen Vermögen in ein sehr spätes Alter verlegt und die Entwicklungs- und Leistungsfähigkeit derselben

---
[1]) Siehe oben p. 34 ff.
[2]) Siehe oben p. 23; 26; 26 f.; 29; 35 ff.; 42 ff.; 46.
[3]) Tom. VIII, 145: „Posons pour maxime incontestable que les premiers mouvements de la nature sont toujours droits; il n'y a point de perversité originelle dans le cœur humain. Il ne s'y trouve pas un seul vice dont on ne puisse dire comment et par où il y est entré."
[4]) Cf. Paulsen, Gesch. d. gel. Unt. a. a. O. III, 47.

arg unterschätzt wurde, entspricht die antirationalistische Tendenz, die Inanspruchnahme der intellektuellen Vermögen möglichst zu verzögern und ihre Ausbildung überhaupt nur in verhältnismässig geringem Grade anzustreben.

4) Wenn psychologisch Gefühl und Wille ihrer Bedeutung nach als über dem Verstande stehend betrachtet werden, so folgt aus dieser Auffassung für eine naturgemässe Pädagogik die Forderung, auf die Ausbildung jener beiden Seiten ein grösseres Gewicht zu legen als auf die Entwicklung der Intelligenz.

5) Die Pädagogik endlich, welche sich auf die Natur als auf etwas sich fortwährend stufenweise und gesetzmässig aus sich selbst Entwickelndes gründet, wird dieser Ansicht dadurch Rechnung tragen, dass sie diese Entwicklung Schritt für Schritt aufs sorgfältigste belauschen und studieren wird, um das Gesetzmässige derselben zu erforschen und Mittel und Ziele des erziehlichen Einwirkens den jeweiligen, auf den verschiedenen Entwicklungsstufen sich ändernden Bedürfnissen entsprechend abzuleiten bez. zu modifizieren.

IV.

Prüfung der Rousseauschen Pädagogik in Bezug auf die in seiner Naturanschauung wurzelnden Tendenzen.

Prüfen wir nun, ob und wie sich die aus den Hauptkriterien der Rousseauschen Naturanschauung notwendig folgenden Konsequenzen in seiner Pädagogik geltend machen [1]).

1) Was zunächst jene in der ursprünglichen Güte der Menschennatur begründete Tendenz nach freier, ungehemmter Selbstentwicklung anlangt, so macht sich diese in so umfassendem und ausgesprochenem Sinne in seiner Pädagogik geltend, dass ihre ganze Signatur durch sie in erster Linie bestimmt wird. In dem

---

[1]) Die Erziehung des Weibes kann aus den p. 45, Anm. 2, und p. 47 angeführten Gründen hierbei nur nebensächliche Berücksichtigung erfahren. Insoweit sie Naturerziehung ist, soll sie vergleichsweise herbeigezogen werden. — Dass das Naturprinzip auch auf die Erziehung des Weibes Anwendung finden soll, beweisen folgende Stellen: Tom. IX, 231: „Dès qu'une fois il est démontré que l'homme et la femme ne sont ni ne doivent être constitués de même, de caractère ni de tempérament, il s'ensuit qu'ils ne doivent pas avoir la même éducation." — Tom. IX, 232: „Après avoir tâché de former l'homme naturel, pour ne pas laisser imparfait notre ouvrage, voyons comment doit se former aussi la femme qui convient à cet homme. Voulez vous toujours être bien guidé, suivez toujours les indications de la nature."

Rufe und Drange nach Freiheit hallt in Rousseau, in dem überhaupt allgemeinere Stimmungen widerklingen, ganz besonders der Ruf des Jahrhunderts wider[1]). Seine Stimme aber übertönt wie in anderer Hinsicht auch hierin alle seine Zeitgenossen. Deutlich begegnen uns daher Schritt für Schritt in seiner Pädagogik Äusserungen und Wirkungen dieser Tendenz.

Wie sich alle Wesen der Natur der Freiheit erfreuen, so soll nach seiner Forderung auch die Natur des Kindes ihre eigene, volle Freiheit geniessen. „Das ganze Glück der Kinder besteht ja ebenso wie das der Erwachsenen im Genusse der Freiheit"[2]). Da nun „diese Freiheit bei den ersteren durch ihre Schwäche eingeschränkt wird, so geniessen sie im Zustande der Natur an und für sich nur einer sehr unvollkommenen Freiheit"[3]). Wer sieht nicht ein, ruft er den knechtenden Vätern zu, dass es, da die Schwachheit des ersten Alters die Kinder auf so verschiedenfache Weise einschränkt, grausam wäre, dazu noch die Unterwerfung unter unsere Launen zu fügen und ihnen eine an sich schon so beschränkte Freiheit, die sie so wenig missbrauchen können, zu entziehen, da doch aus dieser Beraubung ihnen so wenig Vorteil erwächst als uns? Warum will man, fragt er weiter, da doch später mit dem Alter der Vernunft die bürgerliche Knechtung unausbleiblich beginnt, dieser noch eine Privatknechtung vorausschicken? Man lasse doch einen Augenblick des Lebens von dem Joche befreit sein, das die Natur uns nicht auferlegt hat, und gestatte den Kindern die Ausübung der natürlichen Freiheit, die sie wenigstens eine Zeit lang vor den Lastern bewahrt, welche die Knechtschaft im Gefolge hat[4]).

Um nun seinem Zöglinge diese Freiheit zu gewähren und eine unabhängige, selbständige Entwicklung seines Wesens zu ermöglichen, sieht sich Rousseau gezwungen, ihn vor allen Fesseln und Banden der Kultur und Gesellschaft zu bewahren und als isoliertes Wesen auf dem Lande zu erziehen[5]).

Von frühester Kindheit an sorgt er dafür, dass dieser Tendenz Rechnung getragen werde. Schon rücksichtlich der physischen Erziehung gilt es, alles die Natur Beengende und Bestimmende fernzuhalten: Deshalb kein Drücken des Kopfes, kein Wickel-

---

[1]) „Es ist weniger Rousseau, der im Émile spricht, als der Geist des 18. Jahrhunderts" (E. v. Sallwürk. Rousseaus Stellung in der Pädagogik etc. in „Pädagogische Studien." N. F. 1880, p. 12.)
[2]) Tom. VIII, 127.
[3]) Tom. VIII, 127.
[4]) Tom. VIII, 136.
[5]) „Un être vraiment heureux est un être solitaire." Tom. VIII, 439.
— Eine gewisse Isolierung hat als notwendiges Moment der persönlichen Entwicklung ihre volle Berechtigung. Diese Maxime tritt hier nur so entschieden hervor, weil es galt, einen ebenso entschiedenen Gegensatz zu überwinden. Cf. Brockerhoff, a. a O. III, 59 f.

bettchen, keine Kinderhäubchen und Binden¹). Der Geist seiner sämtlichen für das erste Alter geltenden Vorschriften besteht, wie er selbst sagt, thatsächlich darin, „den Kindern mehr wahre Freiheit einzuräumen²).“ In noch drastischer Weise machen sich die Wirkungen jener Tendenz nach freier und selbständiger Entwicklung auf dem Gebiete der psychischen Erziehung geltend³). Die schlimmsten Fesseln scheinen ihm hier Gewohnheiten und Vorurteile⁴) zu sein. „In allen unsern Gewohnheiten offenbart sich nichts als Unterwerfung, Bedrückung, Zwang⁵).“ Nie soll Émile ein fremdes Urteil nachsprechen. „Von dem Augenblicke an, wo ihr diese Ideen (Vorurteile nämlich) in den Kopf eindringen lasst, gebt nur die ganze fernere Erziehung auf⁶).“ Indem der Zögling „der alleinigen Leitung der Natur überlassen“⁷) bleibt,⁸) und sich nur auf sich selbst beschränkt⁹), weiss er nicht, „was Abrichtung, Gebrauch und Gewohnheit ist¹⁰).“

---

¹) Tom. VIII, 32 f.
²) Tom. VIII, 93.
³) „leur esprit ni leur corps ne peuvent supporter la contrainte.“ Nouv. Hél. p. V, l. III; Tom. VII, 266.
⁴) Da die Abhängigkeit für die Frauen hingegen ein natürlicher Zustand ist (Tom. IX, 247), so folgt daraus, „dass das System der Erziehung in dieser Rücksicht dem unsrigen entgegengesetzt sein muss“. (Tom. IX, 235). „l'opinion est le tombeau de la vertu parmi les hommes, et son trône parmi les femmes" (Tom. IX, 235). — Eine Einschränkung erhält diese Äusserung insofern, als die „allgemeinen Vorurteile“ durch das innere Gefühl geregelt werden sollen. „Es genügt, sagt er, die Bemerkung, dass, wenn diese beiden Gesetze (öffentliche Meinung und inneres Gefühl) bei der weiblichen Erziehung nicht zusammenwirken, dieselbe stets mangelhaft sein würde. Das Gefühl ohne die Meinung giebt den Frauen nicht jene Zartheit der Seele, welche die guten Sitten mit der Ehre der Welt schmückt. Die Meinung aber ohne das Gefühl wird stets die Frauen falsch und unsittlich machen und den Schein an Stelle der Tugend setzen.“ (Tom. IX, 277).
⁵) Tom. VIII, 32. — Welcher Art die Abhängigkeit bei der weiblichen Erziehung sein soll, sagt die Stelle: „Il n'est pas question de lui rendre sa dépendance pénible, il suffit de la lui faire sentir.“ (Tom. IX, 249.)
⁶) Tom. VIII, 362.
⁷) Tom. VIII, 220.
⁸) Dem Erzieher fällt dabei die Aufgabe zu, der Natur überall zu Hülfe zu kommen (Tom. VIII, 376), die günstigsten Verhältnisse zu wählen, in die er seiner Natur gemäss zu versetzen ist. (Tom. VII, 295; — Nouv. Hél. p. V, l. III. —).
⁹) Tom. VIII, 25: „L'homme naturel est tout pour lui; il est l'unité numérique, l'entier absolu.“
¹⁰) Tom. VIII, 304. — So weit hier Rousseau über das Mass des Richtigen hinausgeht, so sehr verkennt er anderseits das Bedürfnis nach Freiheit und Ungebundenheit bei dem weiblichen Geschlechte. Man vergleiche hiermit Stellen wie folgende: Tom. IX, 245: „Justifiez toujours les soins que vous imposez aux jeunes filles. mais imposez-leur-en toujours. L'oisireté et l'indocilité sont les deux défants les plus

Auch der Unterricht trägt dieser Tendenz entsprechend den Charakter grösster Freiheit. Er richtet sich in erster Linie nach der im Zöglinge allmählich erwachenden Neigung[1]) und nach seinem Interesse[2]). Von einem Lernenmüssen ist nicht die Rede[3]). „Die Wörter „gehorchen" und „befehlen", noch mehr die Ausdrücke „Pflicht[4]) und Schuldigkeit" sind aus dem Wörterbuche Émiles gestrichen[5])" Jede Lehre, Ermahnung und Vorschrift fällt hinweg[6]). Infolgedessen besteht für ihn keine Autorität, weder in weltlichen noch in religiösen Dingen[7]). Émile soll von keiner Autorität ausser der seiner eigenen Vernunft beherrscht werden[8]). So kommt denn, wie die eben erwähnten Züge beweisen, die oben aus einer hervorstechenden Seite seiner Naturanschauung abgeleitete Tendenz in der That in seiner Pädagogik als eine charakteristische Grundforderung von weittragender Bedeutung zum Ausdrucke[9]).

2) Wie äussert sich nun jene, gleichfalls aus seiner Naturanschauung resultierende Tendenz, nach welcher die Pädagogik vor

---

dangereux pour elles, et dont on guérit le moins quand on les a contractés. Les filles doivent être vigilantes et laborieuses: ce n'est pas tout; elles doivent être gênées de bonne heure. Ce malheur, si c'en est un pour elles, et inséparable de leur sexe. — Il faut les exercer d'abord à la contrainte, afin qu'elle ne leur coûte jamais rien; à dompter toutes leurs fantaisies, pour les soumettre aux volontés d' autrui."
[1]) Tom. VIII, 346; 343.
[2]) Tom. VIII, 391.
[3]) Tom. VIII, 275. — Aller Unterricht soll nur Spiel und fröhlicher, zwangloser Zeitvertreib sein. (Tom. VIII, 275; Tom. IX, 193.)
[5]) Tom. VIII, 137. „Mais ceux de force, de nécessité, d'impuissance et de contrainte, y doivent tenir une grande place." (Tom. VIII, 137.)
[6]) Tom. VIII, 208; 219f. — An Stelle der Verbote, Vorwürfe und Vorschriften treten die „natürlichen Strafen." Cf. Tom. VIII, 165; 219f. — Den Gehorsam beschränkt Rousseau auf die Abhängigkeit von den Dingen, die Naturnotwendigkeit. Tom. VIII, 129: „Maintenez l'enfant dans la seule dépendance des choses, vous aurez suivi l'ordre de la nature dans le progrès de son éducation." — Im Gegensatz zu Locke verwirft Rousseau das Räsonnieren. (Tom. VIII, 137 f.)
[7]) Tom. 339; 412; IX, 100ff. — Cf. Heinzig, Rousseaus Kampf gegen die Autoritätspädagogik. Pädadogisch - philosophische Studie. Plauen.
[8]) Tom. VIII, 518. — Trotzdem liegt nach Hauber, a. a. O. 325, im Émile „ein Erziehungsdespotismus."
[9]) Reissig (J. J. Rousseaus Leben und Wirken, Leipzig. Siegism. und Volk. 1879) macht die Bemerkung — die sich allerdings schon bei Brockerhoff, a. a. O. III, 52; desgleichen im Neuen Plut. V. T. p. 195, findet — man könne den Émile, den Goethe das Naturev. der Erziehung genannt hat, mit demselben Rechte auch das Evangelium der Freiheit nennen. (pag. 50.) — Die Geltendmachung des Freiheitsgedankens in Rousseaus sämtlichen Schriften wird besonders in der Abhandlung: „Über die historische Darstellung der pädagogischen Ideen mit besonderer Beziehung auf Comenius und Rousseau" in den Vordergrund gestellt. (Beiträge zur Pädagogik. Löwenberg. 1. Heft. 1875.)

allem im Interesse der geistigen Entwicklung ein besonderes Augenmerk auf die Entwicklung der physischen Natur zu richten habe? Was Rousseau in dieser Beziehung vorschlägt und fordert, gehört zu den brauchbarsten und beachtenswertesten Winken seiner Pädagogik. Obwohl er hierbei in fast allen Punkten seinen Vorgängern, in erster Linie Locke, dann aber auch Montaigne und Rabelais in auffälligster Weise gefolgt ist[1]), so gebührt ihm doch das eigentümliche Verdienst, dass erst infolge seiner leidenschaftlichen und überzeugenden Beredsamkeit dieser Seite und Aufgabe der Erziehung eine allgemeine und wirkungsvollere Aufmerksamkeit zugewandt worden ist.

Ohne Frage steht bei Rousseau die physische Erziehung im Vordergrunde des pädagogischen Interesses während der ersten Altersstufen.[2]) Von der Geburt an bis zum 15. Lebensjahre, bis zu welchem Alter nach ihm der Mensch „beinahe noch nichts als ein physisches Wesen ist"[3]), verfolgt er die körperliche Entwicklung mit grösster Aufmerksamkeit.

Unter der grossen Zahl von Ratschlägen, welche seine Pädagogik in Bezug auf die physische Erziehung bietet, erinnern wir zunächst an seine eindringliche Mahnung an die Mütter, ihre Kinder selbst zu stillen[4]) und nicht zu zeitig zu entwöhnen.[5]) Ein viel kräftigeres und gesünderes Geschlecht, meint er, würde emporwachsen, wenn die Mütter diese von der Natur ihnen auferlegte Pflicht wieder erfüllten. Da alles Physische nach seiner Naturanschauung in innigster Wechselbeziehung zum Physischen und Moralischen steht, so kann er jene Forderung nicht geltend machen, ohne zugleich ihre Bedeutung für das Intellektuelle und Sittliche mit beredter Zunge nachdrücklichst hervorzuheben. Entschliessen sich die Mütter, sagt er, ihre Kinder selbst zu nähren, so werden die Sitten sich von selbst bessern, die natürlichen Gefühle werden in aller Herzen wieder erwachen, der Staat wird sich wieder bevölkern; dieser erste Umstand, dieser Umstand allein, wird alles vereinigen. Der Reiz des häuslichen Lebens ist das beste Gegengift gegen die Verderbnis der Sitten. Es würde, behauptet er schliesslich, durch die Abschaffung dieser einzigen Unsitte (des Ammenwesens) eine allgemeine Reform herbeigeführt

---

[1]) V. Saftu (Ein Vergleich der physischen Erziehung bei Locke und Rousseau. Diss. Leipzig. 1889) kommt zu dem Ergebnis: Rousseau ist ein Schüler Lockes, aber ein selbständiger, hochbegabter. (pag. 74.) — Cf. ferner Arnstädt, Fr. Rabelais und sein Traité d'éducation. Mit besonderer Berücksichtigung der pädagogischen Grundsätze Montaignes, Lockes und Rousseaus. Leipzig 1872.
[2]) Tom. VII, 266: „L'intention de la nature est que le corps se fortifie avant que l'esprit s'exerce." (Nouv. Hél. p. V; I. III.)
[3]) Tom. VIII, 364.
[4]) Tom. VIII, 35 f.
[5]) Tom. VIII, 96.

werden; die Natur würde in kurzer Zeit wieder in ihre Rechte eintreten [1]).

In Fällen, in denen eine Amme empfehlenswert oder notwendig ist, sind für ihre Wahl in erster Linie Rücksichten auf die körperliche Natur des Kindes massgebend. Ihr Aufenthalt und ihre Nahrung sollen, da beide auf die Beschaffenheit der Milch von Einfluss sind, nach den Forderungen, die die Natur des Säuglings an letztere stellt, bestimmt werden [2]).

Auch die Bedeutung der Luft darf eine sorgfältige physische Erziehung nicht unterschätzen. Rousseau äussert sich hierüber: „In den ersten Lebensjahren hat vor allen Dingen auch die Luft einen wesentlichen Einfluss auf die Körperkonstitution des Kindes. Sie dringt durch alle Poren seiner zarten und weichen Haut, sie äussert eine mächtige Wirkung auf den im Wachstum begriffenen Körper und hinterlässt Eindrücke an demselben, die sich nie verwischen" [3]). In dieser Überzeugung wurzelt sein Vorschlag, das Kind aus der Stadt, „dem Abgrund des Menschengeschlechts", auf das Land zu bringen, „damit es anstatt der verdorbenen Stadtluft die reine Landluft einatme." „Je mehr sie (die Menschen) sich zusammendrängen, desto mehr verderben sie sich. Schwächlichkeit des Körpers und nicht minder Lasterhaftigkeit des Geistes sind die unausbleiblichen Folgen einer allzu zahlreichen Vereinigung; denn der Atem des Menschen ist schädlich für seinesgleichen; das ist im eigentlichen Sinne nicht weniger wahr als im bildlichen" [4]).

Die Sitte des Badens, da sie einmal eingeführt ist, soll nach seinem Gutdünken nie unterbrochen, sondern das ganze Leben hindurch beibehalten werden. Ich betrachte sie, sagt er, nicht allein vom Gesichtspunkte der Reinlichkeit und des vorhandenen Gesundheitszustandes aus, sondern erkenne in ihr zugleich eine heilsame Vorsichtsmassregel, um das Muskelgewebe elastischer zu machen und es zu befähigen, ohne Anstrengung und Gefahr sich den verschiedenen Graden von Hitze und Kälte zu fügen [5]).

Da es das Los des Menschen ist, Leiden zu ertragen [6]), so gilt ihm die Heranbildung eines gesunden und starken Körpers als ein wichtiges Ziel der physischen Erziehung. Von diesem Gesichtspunkte aus brandmarkt er als naturwidrig das thörichte Verfahren jener Mütter, welche ihre Kinder aus Zärtlichkeit verweichlichen. Thetis, sagt er, tauchte, wie die Sage berichtet, ihren Sohn, um ihn unverwundbar zu machen, in die Fluten des Styx. Die grausamen Mütter, von denen ich rede, machen es anders: Indem sie ihre Kinder in die Weichlichkeit eintauchen, machen sie dieselben empfänglich für die Leiden, öffnen sie ihre

---

[1]) Tom. VIII, 40. — [2]) VIII, 66. — [3]) VIII, 71. — [4]) VIII, 72. — [5]) VIII, 73 f. [6]) VIII, 45.

Poren Übeln aller Art, denen sie einst als Erwachsene unfehlbar zur Beute fallen werden [1]). Auch hierin verweist er auf die Natur als grosse Lehrmeisterin: „Man beobachte die Natur und folge dem Pfade, den sie vorzeichnet. Unaufhörlich übt sie die Kinder, härtet ihren Körper durch die verschiedenartigsten Prüfungen ab und lehrt sie früh schon Beschwerden und Schmerz kennen. Das Durchbrechen der Zähne ist mit Fieber verbunden; lang anhaltender Husten will sie ersticken; die Würmer quälen sie; Vollsaftigkeit verdirbt ihr Blut; verschiedene Säuren gären darin und erzeugen gefährlichen Ausschlag [2]).“ Darum fordert er: „Übt sie also in dem, was ihnen dereinst zustossen kann und was sie zu ertragen haben werden. Härtet ihren Körper ab gegen die Rauheiten der Jahreszeiten, der Klimate, der Elemente, Hunger, Durst und Müdigkeit; tauchet sie in die Fluten des Styx. Ehe der Körper eine bestimmte Gewohnheit angenommen hat, kann man ihn ohne Gefahr gewöhnen, woran man will; hat er jedoch einmal seine Festigkeit gewonnen, so wird jede Störung gefährlich. Ein Kind erträgt Veränderungen, die ein Mann nicht ertragen würde; die weichen und biegsamen Fibern des ersteren nehmen ohne Mühe die Lage an, die man ihnen giebt [3]).“

Als empfehlenswerte Mittel zur Erzielung eines kräftigen, gesunden und gewandten Körpers bezeichnet Rousseau ferner die Handarbeit [4]), gewisse Spiele [5]), sowie die verschiedensten gymnastischen Übungen. Wie weit er in dieser Beziehung geht, kennzeichnet sein Ausspruch: „Émile wird im Wasser ebenso gut in seinem Elemente sein als auf dem Lande. Könnte er nur in jedem Elemente leben! Könnte man sich fliegend in die Luft erheben, so würde ich aus ihm einen Adler machen; er müsste ein Salamander werden, wenn man sich gegen das Feuer abhärten könnte [6]).“

Weitere Belege für den Umfang, in welchem Rousseau seine Aufmerksamkeit der physischen Erziehung [7]) zuwendet, sind seine

---

[1]) Tom. VIII, 42.
[2]) Tom. VIII, 43 f.
[3]) Tom. VIII, 44.
[4]) Mit der grössten Sorgfalt soll auch Sophie in Handarbeiten unterrichtet werden. (Tom. IX, 305.)
[5]) Tom. VIII, 287; 272: „Quand un enfant joue au volant, il s'exerce l'oeïl et le bras à la justesse; quand il fouette un sabot, il accroît sa force en s'en servant, mais sans rien apprendre.“ — Rousseau wünscht, dass man den Kindern dieselben Geschicklichkeitsspiele anbiete, welche die Erwachsenen haben: „la paume, le mail, le billard, l'arc, le ballon, les instrumens de musique.“ (Tom. VIII, 272.)
[6]) Tom. VIII, 237.
[7]) Auch für die Mädchenerziehung fordert er: „Puisque le corps naît pour ainsi dire avant l'âme, la première culture doit être celle du corps.“ (Tom. IX, 237.)

Vorschriften und Ratschläge bezüglich der Nahrung[1], der Kleidung[2], der Krankheiten und Arzneien[3], wie auch des Schlafes[4].

Seiner Naturanschauung völlig entsprechend dringt Rousseau auf eine so sorgfältige Pflege des Körpers weniger wegen der physischen Natur selbst als vielmehr wegen ihrer Bedeutung als Grundlage der intellektuellen und sittlichen Erziehung. Deutlicher als bei der Leibespflege tritt diese Rücksicht bei der Ausbildung und Übung der einzelnen Sinne hervor. Letztere ist ganz und gar begründet in seiner Überzeugung: „Wollt ihr den Geist des Zöglings bilden, so übt zuvor die Werkzeuge desselben[5]." „Sie (die gewöhnlichen Erzieher) geben die Wissenschaft, sehr wohl; ich beschäftige mich mit dem Werkzeuge, womit man dieselben erwirbt[6]." So wirft er bezüglich des Gefühlssinnes, dessen Ausbildung ihm ausserordentlich wichtig erscheint, die Frage auf: „Warum übt man uns nicht wie jene (die Blinden), in der Finsternis zu gehen, die Körper, die wir erreichen können, zu erkennen, über die Gegenstände, welche sich um uns her befinden, zu urteilen, mit einem Worte, zur Nachtzeit und ohne Licht alles zu thun, was sie am Tage ohne Augen thun? Ich meinesteils will lieber, dass Émile Augen in den Fingerspitzen als in dem Laden eines Lichterhändlers habe[7]." Eine wichtige Rolle spielen bei ihm in dieser Beziehung die nächtlichen Spiele[8]).

Nicht aber nur als Ergänzung des Gesichtssinnes sucht Rousseau eine möglichst feine Ausbildung des Gefühlssinnes anzustreben. „Warum sollte das geübte Gefühl, meint er, wie es das Sehen ergänzt, nicht auch das Gehör bis zu einem gewissen Grade ergänzen können, da doch die Töne in den klingenden Körpern Schwingungen erregen, die mit dem Gefühl wahrnehmbar sind? Wenn man den Sinn in der Erkennung dieser Unterschiede übt, so zweifle ich nicht, dass man es mit der Zeit dahin bringen könnte, ein ganzes Lied vermittels der Finger zu vernehmen[9])."

Obwohl es nach ihm wichtig ist, dass sich die Haut abhärtet, um den Veränderungen der Luft Trotz zu bieten, wünscht er doch nicht, dass die Hand durch allzu knechtische Verrichtung

---

[1] Tom. VIII, 282 ff.
[2] Tom. VIII, 224 ff.
[3] Tom. VIII, 60 f.
[4] Tom. VIII, 231. — Hierbei gerät Rousseau oft zu extremen Forderungen.
[5] Tom. VIII, 204.
[6] Tom. VIII, 223; Tom. VIII, 206: „Plus son corps s'exerce, plus son esprit s'eclaire; sa force et sa raison croissent à la fois et s'étendent l'une par lautre." — „Pour apprendre à penser, il faut donc exercer nos membres, nos sens, nos organes, qui sont les instrumens de notre intelligence." (Tom. VIII, 222.)
[7] Tom. VIII, 241.
[8] Tom. VIII, 241 ff.
[9] Tom. VIII, 253.

sich verhärte oder dass ihre Haut hornartig würde und das feine Gefühl verlöre, durch welches man die Beschaffenheit der Körper, über die man die Hand hinwegbewegt, erkennt[1]). Auch bezüglich der Ausbildung des Gesichtssinnes giebt Rousseau mancherlei Anregungen. Die Schuld, dass unsere Abschätzungen gewöhnlich sehr ungenau sind, liegt, wie Rousseau ganz richtig hervorhebt, nicht an dem Sinne, als vielmehr an seinem Gebrauche. Es wird dies dadurch bewiesen, „dass die Ingenieure, Zimmerleute, Architekten, Maurer, Maler im allgemeinen ein viel sicheres Augenmass haben als wir und die Grösse einer Ausdehnung viel richtiger abschätzen[2])". Daher gilt es, die Kinder für das Messen, das Erkennen und Abschätzen der Entfernungen zu interessieren[3]).

Diese Gesichtsübungen sollen in Beziehung zum Zeichnen und zur Geometrie gesetzt werden. Man kann, sagt er, über die Ausdehnung und Grösse der Körper nicht richtig urteilen lernen, wenn man nicht auch ihre Formen kennen und sogar nachbilden gelernt hat; denn im Grunde geschieht diese Nachbildung lediglich nach den Gesetzen der Perspektive, und man kann die Ausdehnung nicht nach der Art und Weise, wie sie erscheint, abschätzen, wenn man nicht ein gewisses Gefühl für diese Gesetze hat. Die Kinder, die grosse Nachahmer sind, versuchen, alles zu zeichnen; ich wünschte, dass mein Zögling diese Kunst fleissig übte, nicht gerade um der Kunst selbst willen, sondern um sich einen sicheren Blick und eine gewandte Hand anzueignen. Überhaupt kommt es sehr wenig darauf an, ob er diese oder jene Übung gelernt habe, wenn er nur die Schärfe des Sinnes und diejenige körperliche Fertigkeit erlangt, die man durch diese Übung gewinnt[4]). In dem nämlichen Geiste sollen auch die anderen Sinne geschult und ausgebildet werden[5]).

Die in diesem Abschnitte skizzierten Züge beweisen wohl zur Genüge, dass es eine hervorstechende Seite der Rousseauschen Pädagogik ist, der physischen Erziehung, besonders rücksichtlich ihrer Bedeutung für die psychische Entwicklung, einen breiten Raum im ganzen Erziehungsgeschäfte eingeräumt und eine systematische, harmonische Entfaltung der physischen Natur mit allem Nachdruck gefordert zu haben.

3) Als eine weitere Konsequenz seiner Naturanschauung erwies sich uns die pädagogische Maxime, der kindlichen Intelligenz möglichst wenig zuzutrauen, ihre Ausbildung prinzipiell zu ver-

---

[1]) Tom. VIII, 254.
[2]) und [3]) Tom. VIII, 257.
[4]) Tom. VIII, 264f.
[5]) Der Abschnitt, in welchem Rousseau die Übung der Sinne behandelt, enthält Beispiele feiner psychologischer Beobachtungen sowie mustergültiger methodischer Winke. Cf. Tom. VIII, 222ff.

zögern und gegenüber der physischen Pflege hintanzusetzen. Wie verhält sich die Rousseausche Pädagogik hierzu? Die allseitige, umfassende Pflege, welche Rousseau in Bezug auf die physische Natur fordert, lässt schon aus zeitlichen Gründen eine Ausbildung der geistigen Vermögen während dieser Zeit so gut als ausgeschlossen erscheinen. Ausser diesem äusseren Umstande liegt aber auch ein innerer Zusammenhang zwischen jener und dieser Tendenz vor. Denn wird der Leib als Organ der Seele, werden die Sinne als Werkzeuge des Geistes betrachtet, und setzt die Erkenntnistheorie die Ausbildung jener als Grundbedingung für die Entwicklung dieser voraus, so ist es klar, dass demzufolge von einer prinzipiellen Einwirkung auf die Intelligenz während der ersten physischen Entwicklung nicht die Rede sein kann.

Doch ist unsere Maxime nicht nur als eine Folge jener Tendenz zu betrachten. Sie lag ja, wie oben festgestellt wurde, unmittelbar in dem Grundirrtum seiner Naturanschauung begründet, nach welchem die höheren, psychischen Funktionen erst in auffallend spätem Alter in Wirksamkeit treten. Wie macht sich nun die in Frage stehende Maxime in seiner Pädagogik geltend?

Es gehört zu den bekanntesten Zügen der Rousseauschen Pädagogik, wie sie in bewusstem Gegensatze zu der üblichen, in den Tendenzen der Aufklärung zum Teil begründeten „pedantischen Unterrichtswut"[1]) immer und immer wieder mit allem Nachdruck fordert, die intellektuelle Erziehung so lange als möglich zu verzögern[2]). Sein Rat: „Betrachtet jede Verzögerung[3]) als einen Vorteil[4])" und die Hauptforderung: „Zeit zu verlieren"[5]) haben in keiner Hinsicht höhere Geltung als gerade in dieser[6]).

So ist nach ihm tadelnswert schon die Sitte, „dass man sich allzu sehr beeilt, die Kinder zum Sprechen zu bringen, gleich als ob man fürchtete, dass sie es nicht von selbst lernen würden. Durch diesen unbesonnenen Eifer erzielt man gerade das Gegenteil von dem, was man erreichen will. Sie sprechen dabei viel später, viel undeutlicher[7])". Ausserdem bestimmen ihn wichtigere, psycho-

---
[1]) Tom. VIII, 110.
[2]) Erkannte es doch Rousseau als eine seiner Hauptaufgaben, gegenüber der intellektuellen Anschauung seiner Zeit, nach welcher der Mensch in der Hauptsache als eine Verstandesmaschine angesehen wurde, einerseits auf die physische Natur, anderseits auf die Gefühls- und Willensseite als auf schwerwiegende Gegengewichte hinzuweisen.
[3]) Tom. VIII, 154: „Maîtrez zélés, soyez simples, discrets, retenus: ne vous hâtez jamais d'agir que pour empêcher d'agir les autres: je le répéterai sans cesse, renvoyez, s'il se peut, une bonne instruction, de peur d'en donner une mauvaise."
[4]) Tom. VIII, 148.
[5]) Tom. VIII, 260.
[6]) „A chaque instruction précore qu'on veut faire entrer dans leur tête, on plante un vice au fond de leur coeur." (Tom. VIII, 148).
[7]) Tom. VIII, 100.

logische Gründe, gegen diese Übereilung zu kämpfen. Die Kinder, bemerkt er richtig, die man früh zum Reden antreibt, haben weder Zeit, das, was man sie sagen lässt, richtig auszusprechen, noch es deutlich verstehen zu lernen. Lässt man sie dagegen ihren eigenen Weg gehen, so üben sie sich zunächst im Aussprechen der leichtesten Silben, verbinden damit nach und nach eine Bedeutung, die man aus ihren Gebärden errät, und geben euch so ihre Worte, ehe sie die eurigen empfangen. Dadurch wird aber bewirkt, dass sie letztere nicht eher annehmen, als bis sie dieselben verstanden haben. Da sie nicht gedrängt werden, sich ihrer zu bedienen, so werden sie damit beginnen, zu beobachten, welchen Sinn ihr mit ihnen verbindet, und sie erst dann zu den ihrigen machen, wenn sie dessen sicher geworden sind[1]).

Der grösste Nachteil der Übereilung, legt Rousseau weiter dar, besteht nicht darin, dass die ersten Gespräche, die man mit ihnen führt und die ersten Worte, die sie sprechen, für sie keinen Sinn haben, sondern darin, dass sie einen andern Sinn damit verbinden als wir, ohne dass wir im stande sind, dies wahrzunehmen, sodass sie, indem sie uns ganz genau zu antworten scheinen, mit uns reden, ohne dass sie uns und wir sie verstehen[2]). Da er hierin die Ursachen der ersten Irrtümer erblickt, „die selbst dann noch, wenn das Kind von ihnen geheilt ist[3]), ihren Einfluss auf die Richtung seines Geistes für die ganze übrige Lebenszeit äussern", so erscheint seine obige Forderung bezüglich der Verzögerung des Sprechenlernens um so begründeter.

In nahem Zusammenhange hiermit steht seine Warnung, sich durch zufällige, glückliche Einfälle ja nicht über die kindliche Fassungskraft täuschen zu lassen. Wie es Menschen giebt, sagt er, welche niemals die Kinderschuhe ausziehen, so giebt es auch andere, welche die Kindheit sozusagen gar nicht durchlaufen, sondern beinahe von Geburt an Männer sind. Das Schlimmste dabei ist, dass diese letztere Ausnahme selten und sehr schwer zu erkennen ist, und dass jede Mutter in der Einbildung, es gäbe Wunderkinder, nicht daran zweifelt, dass das ihrige eins sei. Ja, man geht noch weiter; man nimmt selbst Erscheinungen für Anzeichen von etwas Ausserordentlichem, die der gewöhnlichen Ordnung gemäss zu Tage treten, wie die Lebhaftigkeit, überraschende Einfälle, Unbesonnenheit, eine anziehende Naivität, alles nur charakteristische Merkmale des kindlichen Alters, die am besten erkennen lassen, dass ein Kind eben nur ein Kind ist[4]).

Da nach seiner Grundansicht über die psychische Natur die ganze Kindheit der Schlaf der Vernunft ist, da das Kind bis zum

---
[1]) Tom. VIII, 105.
[2]) Tom. VIII, 105 f.
[3]) Tom. VIII, 106.
[4]) Tom. VIII, 175 f.

12. Jahre weder ein Gedächtnis, noch die Fähigkeit zu urteilen besitzt, so hat die eigentliche intellektuelle Erziehung naturgemäss erst nach dieser Zeit und selbst dann noch mit grösster Vorsicht zu beginnen. Bis dahin besteht die Erziehung „nicht in der Unterweisung über Tugend und Wahrheit, sondern darin, das Herz vor Lastern und den Verstand vor Irrtümern zu bewahren"[1]. Welchen Erfolg er sich davon verspricht, ist aus folgender Stelle zu ersehen: „Wenn ihr im stande wäret, nichts zu thun und zu verhüten, dass etwas gethan würde, wenn ihr euren Zögling bis zum 12. Jahr bringen könntet, ohne dass er seine rechte Hand von der linken zu unterscheiden wüsste, so würden die Augen seines Verständnisses sich vom Anfange eurer Unterweisung an der Vernunft eröffnen; er würde ohne Vorurteil, ohne Gewöhnung sein und nichts an sich haben, was den Erfolg eurer Sorgfalt hindern könnte[2]".

Dieser Überzeugung zufolge ist Rousseau bestrebt, das Kind zunächst in dem ursprünglichen und daher dem Menschen natürlichen Zustande der Unwissenheit und Denkunfähigkeit[3] zu erhalten. Ich lehre, sagt er geradezu, meinem Zöglinge die Kunst, unwissend zu sein[4]). Nicht hoch genug vermag er die natürliche Unwissenheit zu preisen. Gedenke, erinnere dich ohne Unterlass, ermahnt er den Erzieher, dass die Unwissenheit niemals Schaden angerichtet hat, dass nur der Irrtum verderblich ist, und dass man nicht durch das, was man nicht weiss, sondern durch das, was man zu wissen glaubt, auf Irrwege gerät[5]). Der grössten Vorsicht bedarf es deshalb, dass sich keine falsche Idee in ihm festsetzt. Wird doch die erste falsche Idee, die in seinen Kopf kommt, in ihm zum Keime des Irrtums und des Lasters[6]). Da das Kind nun vor dem Alter der Vernunft nicht fähig ist, die Begriffe „moralisches Wesen und gesellschaftliche Beziehungen" — und fügen wir hinzu: überhaupt allgemeine, abstrakte Begriffe[7]) — zu erfassen, so muss man, soweit es möglich ist, vermeiden, Wörter anzuwenden, welche diese Ideen ausdrücken[8]). Es gilt darum für die ganze erste Kindheit die Maxime: „Lasst, solange nur sinnliche Gegenstände Eindrücke auf das Kind hervorbringen, alle seine Vorstellungen auf den Bereich des Sinnlichen beschränkt bleiben; schafft, dass es überall in seiner Umgebung nur die physische Welt wahrnehme[9])."

Ist endlich die Zeit gekommen, wo das Kind aus dem Zu-

---

[1]) Tom. VIII, 147. — [2]) VIII, 147. — [3]) VIII, 78. — [4]) VIII, 223. — [5]) VIII, 316. — [6]) VIII, 137.

[7]) Tom. VIII, 482: „La jeunesse ne doit rien généraliser: toute son instruction doit être en règles particulières."

[8]) Tom. VIII, 137. Andernfalls wäre zu besorgen, „dass das Kind anfangs mit denselben Begriffe verbinde, die wieder auszurotten wir weder Einsicht noch Macht haben würden."

[9]) Tom. VIII, 137.

stande der Schwäche in den der Kraft und damit in die „Zeit der Arbeit, des Unterrichtes, des Lernens"[1]) übertritt, so lassen sich die sinnlichen Wahrnehmungen in Begriffe umwandeln. „Aber springen wir, fügt er gleich hinzu, nicht plötzlich von sinnlichen Gegenständen auf geistige über[2])". Nach seiner Anschauung gehört ein gar beträchtlicher Zeitaufwand dazu, um den Kindern die ersten Begriffe[3]), besonders die sittlichen und religiösen, beizubringen[4]). So sagt er, indem er auf die von ihm beispielsweise angeführte Entwicklung des Begriffes „Eigentum" Bezug nimmt: „Man ersieht, dass eine Erklärung, die ich hier auf zwei Seiten zusammendränge, bei der Ausführung vielleicht ein Jahr in Anspruch nehmen wird; denn bei der Entwicklung sittlicher Begriffe kann man nicht langsam genug fortschreiten und sich bei jedem Schritt nicht sicher genug stellen[5])." Demnach beginnt der Unterricht, den die Natur erteilt, nicht nur sehr spät, sondern er schreitet auch sehr langsam fort[6]).

Geht aus dem auffällig späten Beginn und dem überaus langsamen Fortschreiten des Unterrichts schon hervor, dass die Ausbildung der Intelligenz eine keineswegs umfangreiche sein kann,

---

[1]) Tom. VIII, 315.
[2]) Tom. VIII, 319. — Tom. VIII, 260: „L'institution des enfans est un métier où il faut savoir perdre du temps pour en gagner."
[3]) „Die erste Idee, die man ihm beibringen muss, ist weniger die der Freiheit als vielmehr die des Eigentums." (Tom. VIII, 158.)
[4]) „Da die Frauen ein viel früher entwickeltes Urteil haben als die Männer, so muss ihnen notwendigerweise das Gute und das Böse früher bekannt sein." (Tom. IX, 312.)
[5]) Was die religiöse Erziehung der Mädchen betrifft, so heisst es: „On comprend bien que si les enfants mâles sont hors d'état de se former aucune véritable idée de religion, à plus forte raison la même idée est-elle audessus de la conception des filles: c'est pour cela même que je vousdrois en parler à celles-ci de meilleure heure; car s'il falloit attendre qu'elles fussent en état de discuter méthodiquement ces questiones profondes, on courroit risque de ne leur en parler jamais." (Tom. IX, 263.)
[6]) Tom. VIII, 425 f: „Les instructions de la nature sont tardives et lentes; celles des hommes sont presque toujours prématurées." — Beachtenswert ist hierbei, wie Rousseau dem kindlichen Geiste, dem er so wenig Fassungskraft zutraut, das Verständnis zu erschliessen sucht. Anstatt die Köpfe mit Wörtern anzufüllen, wodurch nur Schwätzer gebildet werden (Tom. VIII, 347), verlangt er Sachen und dringt beständig auf Anschaulichkeit. Tom. VIII, 352: „Il faut parler tant qu'on peut par les actions, et ne dire que ce qu'on ne sauroit faire." — Tom. VIII, 344: „nos vrais maîtres sont l'expérience et le sentiment." — Darum soll sein Zögling soviel als möglich durch Beobachtung, nicht gar durch Erfindung lernen. — (Obwohl auch hierin ein wahrer Kern enthalten ist, so führt es doch, wie Rousseau selbst zeigt, leicht zu Künsteleien. Man hat ihm in dieser Beziehung nicht mit Unrecht „schauspielerisches Versteckspiel" (Schneider, a. a. O. 21), oder „Spielen hinter den Kulissen" (Hahn, Das Unterrichtswesen in Frankreich. Breslau, 1848. p. 113) vorgeworfen.

so zeigt ein Blick auf die Auswahl dessen, was Rousseau für die Entfaltung derselben naturgemäss erscheint, dass er sich geradezu auf das notwendigste Mass beschränkt. Von den unserer Fassungskraft angemessenen Kenntnissen, äussert er, sind eine Anzahl falsch, andere unnütz, wieder andere dienen dazu, den Stolz dessen zu nähren, der sie besitzt. Nur die kleine Zahl derselben, die in Wahrheit zu unserem Wohle beiträgt[1]), ist es wert, dass der Weise, und folglich auch das Kind, das man ja weise machen will, Fleiss auf ihre Erwerbung verwendet. Es kommt nicht darauf an, alles was ist, zu kennen, sondern nur darauf, zu wissen, was nützlich[3]) ist. Von dieser geringen Anzahl muss man noch diejenigen Wahrheiten hinwegnehmen, zu deren Verständnis ein schon vollständig ausgebildeter Verstand erforderlich ist[2]), diejenigen, welche schon eine Kenntnis der Verhältnisse des Menschen voraussetzen, die ein Kind noch nicht erwerben kann, sowie diejenigen, welche zwar an sich wahr sind, aber ein unerfahrenes Gemüt verleiten können, über andere Gegenstände falsch zu denken[4]).

Auf einen noch kleineren Kreis reduzieren sich die für Rousseau in Frage kommenden Bildungsstoffe dadurch, dass neben der Rücksicht auf den Nutzen[5]) und die Fassungskraft des Zöglings in erster Linie seine Bedürfnisse, seine Neigungen[6]), sein Interesse[7]) für die Auswahl massgebend sein sollen. Schliesslich macht auch die Maxime, dass die eigene Erfahrung[8]) als wichtigstes Bildungsmittel zu verwenden ist, ihren Einfluss auf die Beschränkung des Stoffkreises geltend[9]).

---

[1]) Sein ganzes Erziehungsziel deswegen als „niedrigsten Eudämonismus" zu bezeichnen wie Gehrig, a. a. O. 161, erscheint uns als eine sehr einseitige Auffassung, die auch die Zeitverhältnisse ausser acht lässt.
[2]) Tom. IX, 243: „En général, s'il importe aux hommes de borner leurs études à des connoissances d'usage, céla importe encore plus aux femmes."
[3]) Als Prüfstein und sicherer Massstab für die Entwicklung des Verstandes können nach Rousseau die Fortschritte des Zöglings in der Geometrie dienen. (Tom. VIII, 316.) — War es sicherlich ein bleibendes Verdienst Rousseaus, das Verständnis als unentbehrliche Vorbedingung alles Unterrichts gefordert zu haben, so beging er doch anderseits in der Anwendung dieses Grundsatzes einen — in seiner Naturanschauung begründeten — bedeutenden Fehler.
[4]) Tom. VIII, 315 f.
[5]) Tom. VIII, 344.
[6]) Tom. VIII, 318; „Rejetons donc encore de nos premières études les connoissances dont le goût n'est point naturel à l'homme, et bornonsnous à celles que l'instinct nous porte à chercher." — Das Nämliche gilt für die weibliche Erziehung: „On ne doit point offrir de leur donner leçon, il faut que ce soient elles qui la demandent". (Tom. IX, 259.)
[7]) Tom. VIII, 318; 346; 391.
[8]) Tom. VIII, 168.
[9]) Da seine Unterweisungen hiernach eines planmässigen, zielbewussten Verfahrens entbehren und im ganzen mehr den Charakter des

Wie dürftig nach alledem der Unterricht, welchen Rousseau für naturgemäss erachtet, ausfallen muss, ist leicht einzusehen. So rechnet er z. B. das Studium der Sprachen „unter die für die Erziehung (wenigstens bis zum 12. Jahre) unnützen Gegenstände"[1]). Ferner erhebt er gegen das verfrühte Studium der Geschichte wichtige Bedenken. „Es ist leicht, den Kindern die Wörter: Könige, Reiche, Kriege, Eroberungen, Revolutionen, Gesetze in den Mund zu legen; allein, wenn es sich darum handelt, mit diesen Wörtern klare Ideen zu verbinden, so möchten alle diese Auseinandersetzungen doch sehr verschieden sein von der Unterredung des Gärtners Robert." (Über den Begriff des Eigentums)[2]). Auch die Fabeln, selbst die von Lafontaine, „so naiv, so reizend dieselben auch sind," hält er für unpassend; „denn die Worte der Fabeln sind ebensowenig die Fabeln selbst, als die Worte der Geschichte die Geschichte selbst sind. Wie kann man so verblendet sein, die Fabeln die Moral der Kinder zu nennen und nicht zu bedenken, dass das Gleichnis sie täuscht, indem es sie ergötzt, dass sie, verführt durch die Lüge, sich die Wahrheit entgehen lassen, und dass das, was man thut, um ihnen den Unterricht angenehm zu machen, sie hindert, Nutzen aus demselben zu ziehen[3])?"

Von den nämlichen Gesichtspunkten aus unterwirft Rousseau auch die übrigen allgemein üblichen Unterrichtsgegenstände einer kritischen Prüfung, sichtet und beschränkt sie auf ein geradezu überraschendes Minimum. Ohne uns indes in die vielen, oft auf Einzelheiten sich beziehenden Äusserungen dieser Tendenz zu verlieren, bemerken wir nur noch, dass auch der Hass, welchen er allerwärts gegen die Bücher und Bücherweisheit an den Tag legt, in denselben Überzeugungen begründet und von seinem Standpunkte aus berechtigt ist.

Zu welchen Ergebnissen diese Maximen nun führen, lässt sich z. B. in Bezug auf die moralische Belehrung aus folgender Äusserung ersehen. „Die einzige für Kinder passende und zugleich die wichtigste Lehre für jedes Alter ist, niemals jemand Böses zuzufügen. Selbst die Vorschrift, Gutes zu thun, ist gefährlich, unrichtig und voller Widerspruch, wenn sie dieser nicht untergeordnet ist"[4]).

Gelegentlichen und Zufälligen annehmen, so kann man kaum noch von einem eigentlichen Unterrichte bei ihm sprechen. Zwar scheint es an einer Stelle (Tom. VIII, 360 f.), als sollten die im Stoffe selbst gelegenen immanenten Zusammenhänge Berücksichtigung erfahren; in Wirklichkeit sind indessen die oben geltend gemachten Gesichtspunkte massgebend.

[1]) Tom. VIII, 183 f. Ein wichtiger Grundsatz ist hier der: „En quelque étude que ce puisse être, sans l'idée des choses représentées les signes représentans ne sont rien". (Tom. VIII, 185.)

[2]) Tom. VIII, 189.

[3]) Tom. VIII, 192. — Eine Folge der Unterschätzung der kindlichen Fassungskraft ist es auch, dass Rousseau in bewusstem Gegensatze zu Locke das Räsonnieren und Moralisieren verwirft.

[4]) Tom. VIII, 173 f.

Ebensowenig wie dieser Inhalt der moralischen Unterweisung befriedigen uns die Ergebnisse seiner intellektuellen, religiösen[1]) und ästhetischen[2]) Erziehung. Hält er es doch nicht für nötig, noch wünschenswert, dass Émile im 12. Jahre lesen oder die Linke von der Rechten unterscheiden kann[3]), dass er im 15. Jahre wisse, dass er eine Seele habe. Letzteres zu erfahren, ist nach seiner Ansicht vielleicht für das 18. Jahr noch zu früh[4]). Bis zum 15. Jahre hat er „nur rein physische Naturkenntnisse. Er kennt nicht einmal den Namen der Geschichte, noch weiss er, was Metaphysik und Moral ist. Er kennt die wesentlichsten Beziehungen des Menschen zum Menschen. Er versteht es nur wenig, die Begriffe zu verallgemeinern und zu abstrahieren"[5]).

Eine derartige Unbesorgtheit und Gleichgültigkeit in Bezug auf den Umfang der Kenntnisse lässt Rousseaus Pädagogik öfters erkennen[6]). Führen wir unter den vielen Belegstellen dafür abschliessend nur noch jene für seine Stellung zur Ausbildung des Intellekts besonders markante an, in welcher es heisst: „Erinnert euch stets, dass der Geist meiner Unterweisung nicht darin besteht, das Kind viele Dinge zu lehren, sondern darin, niemals andere als richtige und klare Begriffe sich in seinem Gehirn einbürgern zu lassen. Wenn mein Zögling auch gar nichts wüsste, es würde mich wenig kümmern; wenn er nur nicht auf Irrtümer geriete, und ich bringe nur Wahrheiten in seinen Kopf, um ihn gegen die Irr-

---

[1]) Seiner Erkenntnistheorie entsprechend verstreicht das ganze erste Alter, ohne dass er mit seinem Zöglinge über Religion redet. (Tom. VIII, 523). — Infolgedessen erfuhr Rousseau von jeher von orthodoxer Seite die heftigsten Angriffe. Dupanloup († 1878), der das Prinzip der Frömmigkeit als höchstes Ziel der Erziehung fordert, schliesst sich jenen Eiferern würdig an. Er nennt Rousseau einen Sophisten ohne Herz und Verstand, seinen Émile ein gehässiges System, einen furchtbaren Erziehungsroman, der in Bezug auf Weisheit und moralische Wahrheit noch unter den Heiden stehe. Plato und Quintilian, behauptet er sogar, würden vor Rousseau Abscheu gehabt haben. (Cf. Hartwig, Die Erziehungsprinzipien Dupanloups etc. Diss. Leipzig 1884. p. 39).

[2]) Diese, eng mit der moralischen Erziehung verbunden, läuft im wesentlichen „in eine Anleitung zum Lebensgenusse hinaus". (Brockerhoff, II, 459).

[3]) Auch soll Émile nie etwas auswendig lernen. (Tom. VIII, 304.)

[4]) Tom. VIII, 523.

[5]) Tom. VIII, 413. — Im Einklange mit seiner Naturanschauung fordert er auch bezüglich der Ausbildung der weiblichen Intelligenz: „La recherche des vérités abstraites et spéculatives, des principes, des axiomes dans les sciences, tout ce qui tend à généraliser les idées, n'est point du ressort des femmes; leurs études doivent se rapporter toutes à la pratique; c'est à elles à faire l'application des principes que l'homme a trouvés, et c'est à elles de faire les observations qui mènent l'homme à établissement des principes". (Tom. IX, 287.)

[6]) Auch im 5. Buche (Erziehung des Weibes): „Ne faites point de vos filles des théologiennes et des raisonneuses." (Tom. IX, 275.) „Une femme bel esprit est le fléau de son mari, des ses enfans, de ses amis, de ses valets, de tout le monde." (Tom. IX, 333.)

tümer sicher zu stellen, die er an deren Stelle aufnehmen würde"[1]). Das friedliche Alter des Verstandes ist so kurz, verstreicht so schnell, wird zu so viel anderen nützlichen Dingen gebraucht, dass es eine Thorheit wäre, zu verlangen, es solle zureichen, das Kind auch noch gelehrt zu machen. Es handelt sich nicht darum, ihn die Wissenschaften zu lehren, sondern darum, ihm Geschmack an denselben beizubringen und es mit den Methoden, sie zu erlernen, bekannt zu machen, damit es im stande ist, sie sich anzueignen, wenn dieser Geschmack erst mehr entwickelt sein wird [2])".

Damit glauben wir bewiesen zu haben, dass der in der Verkennung und Unterschätzung der intellektuellen Fähigkeiten des Menschen bestehende Grundmangel der Rousseauschen Psychologie sich in einer augenfälligen Hintansetzung und Vernachlässigung der Intelligenz in seiner Pädagogik äussert [3]).

4) Der eigenartige Charakter der Rousseauschen Psychologie wurde ferner dadurch bestimmt, dass sie im Gegensatze zu dem Intellektualismus der Aufklärung dem Gefühl und Willen einen höheren Wert beilegte als dem Intellekte. Für seine Pädagogik liess sich daraus erwarten, dass es ihr viel mehr auf eine naturgemässe Gefühls- und Willensbildung als auf Erzeugung und Ansammlung von Kenntnissen und Wissensstoffen ankommen werde, dass sie der Entfaltung der Gemütsseite, des Charakters, ein ungleich höheres Interesse zuwenden werde als der Entwicklung der Intelligenz. Prüfen wir nun seine Pädagogik nach dieser Seite!

Nach dem, was der vorige Abschnitt über die intellektuelle Entwicklung dargelegt hat, ist klar, dass die Gefühls- und Willensbildung infolge einer so auffälligen Hintansetzung der Verstandeskultur ohne weiteres leicht in den Vordergrund treten, durch letztere zum mindesten begünstigt werden kann. Ohne Zweifel geschieht

---

[1] Tom. VIII, 327; „Au reste, qu'il réusisse ou non dans les langues mortes, dans les belles-lettres, dans la poésie, peu m'importe. Il n'en vaudra pas moins s'il ne sait rien de tout cela, et ce n'est pas de tous ces badinages, qu'il s'agit dans son éducation." (Tom. IX, 193.)
[2] Tom. VIII, 328.
[3] Wollte man Rousseau nicht cum grano salis verstehen oder einzelnen, aus dem Zusammenhange herausgerissenen Sätzen ein zu grosses Gewicht beilegen, so könnte man sich versucht fühlen, das Gegenteil von obiger Behauptung geltend zu machen. So könnte man z. B. leicht irre geführt werden, wenn man bei Rousseau liest: „Das, dessen Erwerbung wir anstreben, ist nicht sowohl die Wissenschaft, als vielmehr Urteilsfähigkeit" (Tom. VIII, 376), oder wenn er von Emile verlangt, „er muss arbeiten wie ein Bauer, aber denken wie ein Philosoph" (Tom. VIII, 401); ebenso, wenn er anstrebt, seinem Zöglinge einen „hohen Begriff von allen diesen Wissenschaften (nämlich von Politik, Naturgeschichte, Astronomie, Moral und Völkerrecht) und ein grosses Verlangen, sie kennen zu lernen, beizubringen" und wenn er schliesslich behauptet: „Wir haben ein zu gleicher Zeit thätiges und denkendes Wesen aus ihm gemacht". (Tom. VIII, 402.) Trotz alledem bleibt obige Behauptung zu Recht bestehen.

dies auch; allein, es ist hierbei wieder daran zu erinnern, dass auch für diese Seiten jener Fundamentalsatz uneingeschränkte Geltung behält, nach welchem eher eine Verzögerung als Beschleunigung der Entwicklung anzustreben ist. Positive Einwirkungen sind daher auch rücksichtlich der Gemütsbildung anfangs völlig ausgeschlossen. Trotz dieser Einschränkungen gewinnen doch die Rücksichten auf die Charakterbildung gleich von Beginn der Erziehung an massgebenden Einfluss auf seine pädagogischen Maximen und stehen gegenüber den auf die Intelligenz abzielenden im Vordergrunde.

Um diese Seite seiner Pädagogik jetzt an das Licht zu rücken, weisen wir zunächst darauf hin, dass schon bei der Wahl der Amme Rücksichten auf die Charakterbildung geltend gemacht werden. „Die Amme, bemerkt er, sollte ebenso an Gemüt wie körperlich gesund sein. Leidenschaftlichkeit kann ebenso wie Überfülle an Säften die Milch verderben. Die Milch kann gut und die Amme doch schlecht sein; ein guter Charakter der letzteren ist ein ebenso wesentliches Erfordernis als eine gute Leibesbeschaffenheit. Wenn man eine lasterhafte Amme wählt, so will ich nicht sagen, dass der Säugling ihre Laster annehmen werde, aber ich behaupte, dass er darunter leiden werde. Soll sie ihm ausser Milch nicht auch eifrige Sorgfalt, Geduld, Sanftmut, Reinlichkeit gewähren [1]?"

Da ferner das Gefühl für Gerechtigkeit und Ungerechtigkeit dem Menschen angeboren ist [2] und die Kinder eine Neigung zur Entrüstung, zum Ärger, zum Zorn haben, so muss eine auf die Gemütsbildung bedachte Erziehung alles abwehren, was jenes ursprüngliche Gefühl verletzen oder irgendwie verderblich auf das jugendliche Gemüt wirken könnte. „Mit der grössten Vorsicht, fordert er daher, halte man von ihm alle Dienstboten fern, die sie necken, reizen, ungeduldig machen; sie sind ihnen hundertmal gefährlicher und nachteiliger als alle Rauheit der Witterung und der Jahreszeiten. So lange der Widerstand, den die Kinder finden, stets nur in Dingen seinen Grund hat, niemals aber ein willkürlicher ist, so lange werden sie weder trotzig noch zornig werden und gesünder bleiben [3]."

Von Wichtigkeit für die Charakterbildung ist sodann in jenem ersten Alter ein vorsichtiges Verhalten gegen das Weinen der Kinder. In dieser Beziehung macht Rousseau die feinen Beobachtungen und Ratschläge: „Das Weinen der Kinder ist anfangs ein Bitten; tritt man ihm gegenüber nicht mit Vorsicht auf, so wird es bald ein Befehlen. Sie fangen damit an, sich beistehen zu

---

[1] Tom. VIII, 66 f.
[2] Tom. VIII, 87.
[3] Tom. VIII, 88.

lassen und endigen damit, sich bedienen zu lassen. Auf diese Weise entsteht aus ihrer Schwäche, die anfänglich das Gefühl der Abhängigkeit erzeugt, in der Folge der Begriff des Befehlens und Herrschens. Allein, da dieser Begriff weniger durch ihre Bedürfnisse als durch unsere Dienste erzeugt wird, so beginnen hier die moralischen Wirkungen hervorzutreten, deren unmittelbare Ursachen nicht in der Natur liegen[1]." Es ist wichtig, sagt er ferner, dass es frühzeitig gewöhnt werde, nicht zu befehlen, weder den Menschen, denn es ist nicht ihr Herr, noch den Dingen, denn sie verstehen es nicht[2]. „Anhaltendes Weinen eines Kindes, welches weder eingeschnürt noch krank ist, und dem man es an nichts fehlen lässt, ist nur ein Weinen aus Gewohnheit und Eigensinn. Das einzige Mittel, diese Gewohnheit zu heilen oder ihr vorzubeugen, ist, nicht darauf zu achten[3]."

Rousseau leitet nun die Bosheit des Kindes aus der Schwäche ab. „Das Kind ist nur boshaft, weil es schwach ist[4]." Daraus folgert er die Maxime: „Man mache es stark, und es wird gut sein"; denn „wer alles vermöchte, würde niemals Böses thun[5])." Die Erziehung hat daher im Interesse der Gemütsbildung darauf hinzuwirken, dass die Kinder ihre Wünsche ihren Kräften gemäss einschränken, Wollen und Können ins Gleichgewicht setzen[6]). Nur dann, meint Rousseau, „wenn alle Kräfte sich bethätigen, wird die Seele ruhig sein, und der Mensch wird sich im rechten Zustande befinden[7])".

Hieraus ersieht man, dass Rousseau nicht nur rücksichtlich der intellektuellen Entwicklung die Übung aller Kräfte fordert, sondern dass er darin vor allem auch ein wichtiges Mittel für die Willens- und Charakterbildung erblickt[8]). Darum dringt er beständig und mit Nachdruck auf eine möglichst allseitige Übung der kindlichen Kräfte. Die wahre menschliche Erziehung besteht, wie er sagt, weniger in Vorschriften als vielmehr in Übungen[9]). Die Kunst, die ich ihn lehre, erklärt er an anderer Stelle, heisst „leben. Leben aber heisst nicht atmen; es heisst handeln[10])". Deshalb legt seine Pädagogik auf die Entfaltung des Thätigkeitstriebes ausserordentlich viel Gewicht.

In ausgiebigster Weise soll er im Unterrichte benutzt werden. Rousseau meint, sein Zögling werde „durch eine Stunde Arbeit mehr lernen als durch tagelange Erklärungen"[11]). Führt ihn, fordert er, von Werkstatt zu Werkstatt, aber duldet niemals, dass er eine Arbeit sehe, ohne selbst Hand anzulegen[12]). Äusserungen dieser Art, sowie auch jene Maxime, dass der Schüler seine Instrumente, sogar die Wissenschaften womöglich selbst erfinden

---

[1]) Tom. VIII, 88 f. — [2]) VIII, 89. — [3]) VIII, 95. — [4]) VIII, 90. — [5]) VIII, 90. — [6]) VIII, 93; 115. — [7]) VIII, 115.
[8]) Physische und intellekt. Bildung bereiten auf die moralische vor.
[9]) Tom. VIII, 30. — [10]) VIII, 32. — [11]) VIII, 361. — [12]) VIII, 361.

soll, zeigen deutlich, dass der Unterricht, den Rousseau erteilen will, thatsächlich mehr in Übung und Willensbildung als in Übermittelung positiver Kenntnisse besteht. Ich werde nicht müde, gesteht er selbst, es zu wiederholen, dass aller Unterricht, den man der Jugend erteilt, vielmehr in Handlungen als in Worten bestehen muss [1]).

Wie die Willensbildung, so kommt auch die Gefühlsbildung bei seinem Unterrichte zu ihrem Rechte. Rousseau betrachtet das Gefühl und die Erfahrung als die wahren Lehrmeister [2]). Daher fordert er: „Lasst die Sprache des Verstandes ihren Weg durchs Herz nehmen, damit sie verständlich werde" [3]), oder: „Das Kind thue nichts auf das blosse Wort; nichts ist gut, wovon es nicht fühlt, dass es gut ist" [4]). Aller Unterricht soll demnach so beschaffen sein, dass er mit dem Gefühle und Herzen erfasst werde. „Lasst es ihn fühlen, sagt er geradezu, oder er wird es niemals erkennen" [5]).

Eine überaus hohe Bedeutung für die Gefühls- und Willensbildung legt Rousseau ferner mit vollem Rechte dem Vorbilde des Erziehers bei. Da er nämlich in dem Nachahmungstriebe einen der stärksten der kindlichen Triebe erkennt, so versäumt er keine Gelegenheit, um auf die folgenschwere Wirkung des Beispiels hinzuweisen. So hören wir seine Mahnung: „Ihr Lehrer, meidet alle Zierereien, seid tugendhaft und gut. Euer Beispiel präge sich dem Gedächtnisse eurer Zöglinge ein, bis es endlich in ihr Herz eindringen kann. Anstatt mich zu beeilen, von dem meinigen Handlungen der Mildthätigkeit zu fordern, übe ich lieber dieselbe in seiner Gegenwart" [6]). Auf diese Weise soll der Erzieher soviel als möglich durch Thaten reden und nur sagen, was man nicht zu thun im stande ist [7]). „Gebt ihm überall ein Beispiel!" gilt somit als eine der obersten Maximen der Rousseauschen Pädagogik.

Während so Rousseau das Beispiel als das beste, weil naturgemässeste Unterrichts- und Erziehungsmittel preist, verwirft er mit gleichem Eifer alle jene Mittel, welche einen verderblichen Einfluss auf das jugendliche Gemüt ausüben. Es ist eine ganz merkwürdige Erscheinung, sagt er in dieser Beziehung, dass man, seitdem man sich mit der Erziehung der Kinder befasst, noch kein anderes Mittel, dieselben zu leiten, gefunden hat, als den Wetteifer, die Eifersucht, den Neid, die Eitelkeit, die Gier, die knechtische Furcht, also die gefährlichsten Leidenschaften, die am schnellsten die ganze Seele durchdringen und am meisten geeignet sind, sie zu verderben, selbst noch ehe der Körper seine Ausbildung erlangt hat [8]).

Sahen wir oben, wie die Rousseausche Erziehung gleich von

---

[1]) Tom. VIII, 510; 162. — [2]) VIII, 344 — [3]) IX, 144. —
[4]) VIII, 343. — [5]) VIII, 496. — [6]) VIII, 171. — [7]) VIII, 352. — [8]) VIII, 143.

Aufang an ihr Hauptaugenmerk auf die Charakterbildung gerichtet hat und diese fortwährend anstrebt, so tritt die nämliche Tendenz in der späteren Zeit, in welcher die Leidenschaften erwachen, noch augenfälliger hervor. Dass die Leidenschaften eine bedeutsame Stelle in seiner Pädagogik einnehmen, entspricht ganz seiner Naturanschauung. Sind sie doch nach dieser nicht nur die hauptsächlichsten Werkzeuge unserer Erhaltung, sondern auch die Quelle aller Tugenden und Laster.

Der Erziehung liegt ihnen gegenüber zunächst ob, „Ordnung und Regel in sie zu bringen"[1]. Dies geschieht am einfachsten dadurch, „dass man den Zeitraum, während dessen sie sich entwickeln, erweitert, damit sie Zeit haben, sich nach Massgabe ihrer Entstehung zu ordnen. Dann ist es nicht der Mensch, der sie ordnet, sondern die Natur selbst; eure Sorge besteht nur darin, dieselbe ihr Werk selbst ausführen zu lassen[2]".

Auf ein rein negatives Verhalten zielen auch die anderen Ratschläge, die Rousseau in Bezug auf die Leidenschaften macht, im wesentlichen ab, wenigstens insoweit, als sie lediglich vom Standpunkte des Naturprinzips aus geltend gemacht werden. Sobald er mit positiven Forderungen hervortritt, spielen deutliche Beziehungen auf das Gesellschaftsprinzip herein, weshalb dieselben an späterer Stelle passendere Erwähnung finden sollen.

Aus den hier hervorgehobenen Momenten ist immerhin schon zu ersehen, dass — wie sich später noch klarer herausstellen wird — Rousseau nicht nur früher auf die Gemütsbildung bedacht ist als auf die Verstandeskultur, sondern dass er in vollem Einklange mit seiner Erkenntnistheorie auf die Pflege des Gefühls und Willens überhaupt grösseres Gewicht als auf die Entfaltung der Intelligenz legt[3].

---

[1] Tom. VIII, 434.
[2] Tom. VIII, 434.
[3] Dass seine Pädagogik in dieser Beziehung, besonders was die Gefühlsbildung anlangt, im Vergleiche zur heutigen (— die den für das Leben bedeutungsvollsten Seiten des Gefühls, der Phantasie, des Charakters gegenüber dem Intellekte trotz aller theoretischen Würdigung in der Praxis noch immer nicht zu ihrem Rechte verholfen hat —) noch sehr einseitig und unbefriedigend ist, bedarf keiner Begründung. (Siehe oben p. 42 Anm. 3.) — Auf eine Eigentümlichkeit ist hier aber noch hinzuweisen. Obgleich Rousseau die Selbständigkeit und Untrüglichkeit des Gefühls gegenüber dem Verstande stark betont, so hat er doch, wenn man auf die praktische Seite sieht, den Intellektualismus der Aufklärung noch nicht völlig überwunden. Trotzdem nämlich die Religion nach ihm im wesentlichen Sache des Gefühls und Herzens ist, nimmt doch die Vernunft schliesslich einen grossen Anteil an ihrer Begründung. (Borgeaud, a. a. O. 97; Höffding, a. a. O. 130). Dasselbe gilt auch bezüglich der Moral, ja zum Teil von seiner ganzen Erziehung. — Diese Widersprüche, in die er sich hier verwickelt, sind jedoch nur Scheinwidersprüche. Im Grunde sind sie nur der Ausdruck jenes unklaren, schwankenden Verhältnisses, das uns oben bezüglich der Auffassung von

5) Viel drastischer als durch die bisher aufgezeigten Tendenzen dokumentiert sich die Rousseausche Pädagogik als Naturpädagogik durch die Betonung und Forderung gewissenhaftester Beobachtung und Erforschung der sich entwickelnden Kindesnatur, sowie durch den fortwährenden, striktesten Anschluss der pädagogischen Mittel und Ziele an das jeweilige Naturbedürfnis. Was den ersten Punkt anlangt, so ist wohl das Studium der Kinder kaum jemals so eindringlich und warm den Eltern und Erziehern ans Herz gelegt worden, wie dies von Rousseau geschehen. Nie wird er müde, die Erforschung der Kindesnatur als schwierigste und unerlässlichste Bedingung einer vernünftigen, d. h. naturgemässen Erziehung zu fordern. Der Mahn- und Klageruf: „Man möge doch anfangen, die Menschen, die man erziehen will, besser zu studieren; denn in der That, man kennt sie noch nicht", durchklingt seine ganze Pädagogik[1]).

Um nun zu diesem so unentbehrlichen Studium am wirksamsten anzuspornen, kann er, ohne die Schwierigkeiten[2]) zu verschweigen, die Zweckmässigkeit und den herrlichen Lohn desselben nicht oft, noch hoch genug preisen. So lästig nun auch vielleicht manchem seiner Leser diese in den verschiedensten Wendungen sich fortwährend wiederholende Betonung steter und sorgfältiger Beobachtung der kindlichen Natur sich fühlbar machen mag, so muss dem gegenüber doch darauf hingewiesen werden, dass es im Hinblick sowohl auf Rousseaus Standpunkt als auch auf seine Zeit eine dringend notwendige Aufgabe war, jener Pflicht mit solchem Nachdruck Gehör und Nachachtung zu verschaffen, und dass es ein bleibendes Verdienst Rousseaus ist, diese Aufgabe wie keiner vor ihm gelöst zu haben[3]).

Entspricht nun auch seine Pädagogik den Resultaten seiner Beobachtungen?

Wie wir sahen, hatte das Studium der Kindheit vor allem

Gefühl und Vernunft bei Rousseau begegnete. — Es bleibt indes, um mit Hettner zu reden, trotzdem die geschichtliche Bedeutung Rousseaus, dass er den Idealismus des Herzens rettete und die unveräusserlichen Rechte desselben zum Grund und Mass aller Bildung und Ordnung machte. (a. a. O. 5. Aufl. II, 512.) — Welche Bedeutung das Gefühl für die weibliche Erziehung hat, ist aus Anm. 4 auf p. 60f. zu ersehen.
[1]) Tom. VIII, 12.
[2]) Obwohl er gesteht: „Gerade das Kind ist der Gegenstand meines eifrigsten Studiums gewesen" (VIII, 12), muss er doch bekennen: „Wir kennen uns selbst nicht, weder unsere Natur, noch den Grund aller Thätigkeit in uns." (IX, 17.)
[3]) In der That liegt in der in Frage stehenden Forderung die Grundvoraussetzung seiner und einer jeden naturgemässen Pädagogik. In ihr finden darum die von uns früher im einzelnen beleuchteten naturgemässen Forderungen und Tendenzen notwendigerweise ebensowohl ihre letzte Begründung, als in ihr auch alle übrigen wesentlichen Maximen seiner Pädagogik wurzeln.

gezeigt, dass wie aller Natur auch der Natur des Kindes das Merkmal der Entwicklung und Gesetzmässigkeit zukommt. Für die Pädagogik ergiebt sich aus dieser Beobachtung zunächst die allgemeine Forderung, das Kind nicht zu betrachten als ein Wesen, das bei seiner Geburt mit schon vollkommen ausgebildeten und sich immer gleich bleibenden Vermögen und Kräften ausgerüstet sei[1]), sondern es anzusehen und zu behandeln als ein Wesen, das sich allmählich und stetig vervollkommnet, indem es sich nach bestimmten Gesetzen entwickelt[2]).

Diese Konsequenz hat Rousseau, obwohl mehr von natürlichem Gefühl als von Nachdenken geleitet, richtig erkannt und in seiner Pädagogik zur Anwendung gebracht. „Jedes Alter, jeder Stand, hebt er scharf hervor, hat seine entsprechende Vollkommenheit, seine ihm eigentümliche Reife[3])".

Wird nun die Kindesnatur unter dem Gesichtspunkte der Entwicklung betrachtet, so resultiert daraus die weitere Aufgabe, zu erforschen, welche Gesetzmässigkeit und Beschaffenheit sie auf den verschiedensten Entwicklungsstadien aufweist, und welches die letzteren jederzeit angemessensten pädagogischen Massnahmen sind[4]). Auch diese Forderung erfüllt die Rousseausche Pädagogik. Es ist geradezu interessant, zu verfolgen, wie er jeden Fortschritt in der Entwicklung aufs peinlichste beobachtet und als etwas Beachtenswertes kennzeichnet, wie er in jeder wichtigeren Veränderung sofort andere Aufgaben vorfindet und andere Mittel für die adäquatesten hält[5]).

---

[1]) Der Rationalismus nimmt eine dem Menschen mit seiner Geburt gegebene Vernünftigkeit an. (Schmid, Geschichte der Erziehung etc. a. a. O. IV, 1; p. 563.) — In seinem Briefe an den Erzbischof setzt Rousseau auseinander: „Sie setzen wie alle, die über diese Dinge handeln, voraus, dass der Mensch seine Vernunft vollständig ausgebildet mitbringt und es nur darauf ankommt, sie in Thätigkeit zu setzen. Dem ist aber nicht so, denn die Vernunft ist eine der langsamsten Erwerbungen des Menschen". (Philosophische Werke, a. a. O. I, 256.)
[2]) Waitz erblickt in der Annahme einer durchgängigen inneren Gesetzmässigkeit die erste Voraussetzung, die jede Theorie der Erziehung zu machen genötigt ist. (Allgemeine Pädagogik und kleinere Schriften. 3. Aufl. herausgegeben von Willmann 1883; p. 42.)
[3]) Tom. VIII, 299. Daher die Maxime: „Dans l'incertitude de la vie humaine, évitons surtout la fausse prudence d'immoler le présent à l'avenir; c'est souvent immoler ce qui est à ce qui ne sera point. Rendons l'homme heureux dans tous les âges, de peur qu'après bien des soins il ne meure avant de lavoir été". (Tom. IX, 360.)
[4]) Tom. VIII, 114f.
[5]) Wie Hauber, a. a. O. 324, „als grossen und schädlichen Irrtum" Rousseaus die „Missachtung der Individualität" anführen kann, ist uns unverständlich. Seine Anschauung teilt Walsemann, a. a. O. p. 23. — Wir erblicken vielmehr mit Bakitsch, a. a. O. 48, und Spitzner, a. a. O. 22; 96, gerade in der Berücksichtigung der Individualität einen Vorzug seiner Pädagogik. — Cf. auch Mahrenholtz, a. a. O. 108. — Vielleicht

Während so nach seiner Anschauung in dem ganzen ersten Zeitraum die kindliche Natur nur ein Bedürfnis nach physischer Entwicklung aufweist und die Erziehung darin ihre Direktiven im allgemeinen vorgezeichnet findet, setzt er sodann klar auseinander, welche Beschaffenheit dieselbe auf der zweiten Entwicklungsstufe zeigt. Auf der zweiten Entwicklungsstufe, sagt er, beginnt eigentlich das Leben des Individuums: In dieser Zeit ist es, wo es zum Bewusstsein seiner selbst gelangt[1]). Diesem Fortschritte entspricht die allgemeine Maxime: „Es ist demnach von Wichtigkeit, dass man nun anfange, es als ein moralisches Wesen zu betrachten[2])."
Ist alsdann der Zeitpunkt eingetreten, dass die Kräfte in ihrem Wachstum die Bedürfnisse überholen (12. Jahr), so gilt es wieder ein anderes Verfahren einzuschlagen. Es wird sogleich die Frage aufgeworfen: Was soll er also anfangen mit diesem Überschuss an Fähigkeiten und Kräften, den er jetzt besitzt und der ihm in einem späteren Alter fehlen wird?[3]) Die für diesen Standpunkt passende Vorschrift lautet: „Er soll sich bemühen, sich mit dem zu versorgen, was ihm bei eintretendem Bedürfnisse einmal nützen kann: er will sozusagen den Überfluss seines gegenwärtigen Seins für die Zukunft ausstreuen. Diese Zeit ist also die Zeit der Arbeit, des Unterrichts, des Lernens. Und wohl zu merken, fügt er ausdrücklich hinzu, nicht ich bin es, der willkürlich sie dazu auserwählt, sondern die Natur selbst, die sie als solche bezeichnet[4])."
Wenn ferner der Zögling aus der Kindheit zu der von der Natur bestimmten Zeit heraustritt und zum Leben, für das Geschlecht, geboren wird, so findet Rousseau als passendstes Studium für ihn dasjenige „seiner Beziehungen zu den Menschen". So lange er sich nur seinem physischen Wesen nach kennt, legt er dar, muss er sich nach seinen Beziehungen zu den Dingen kennen zu lernen suchen. Dies ist seine Aufgabe während der Kindheit. Wenn er sich dagegen als ein moralisches Wesen zu fühlen beginnt, so muss er sich nach seinen Beziehungen zu den Menschen kennen zu lernen bemüht sein, und dies ist seine Aufgabe sein ganzes Leben hindurch von dem Zeitpunkte an, bis zu welchem wir gegenwärtig gelangt sind[5]).
Auf Grund dieses steten Anbequemens der erziehlichen Massnahmen an die Bedürfnisse der sich entwickelnden Natur darf Rousseau mit gutem Rechte von sich behaupten: „Meine Methode gründet sich auf das Mass der Fähigkeiten des Menschen auf seinen verschiedenen Altersstufen und auf die Wahl der diesen Fähigkeiten angemessenen Beschäftigungen[6])".

---

kann man eher mit Döring (System der Pädagogik. Berlin 1894) von einer „Überschätzung des autonomen Rechtes des Züglings" reden. (p. 66.)
[1]) Tom. VIII, 111. — [2]) VIII, 112. — [3]) VIII, 314. — [4]) VIII, 314f. — [5]) VIII, 423. — [6]) VIII, 376.

Wie wir hier die wichtigeren Wendepunkte hervorkehrten, welche Rousseau in der Naturentwicklung beobachtete und zu entscheidenden Kriterien für die Wahl der Ziele und Mittel macht, so lässt sich an noch vielen Beispielen darlegen, wie er auch auf weniger augenfällige, sogar auf feine und feinste Veränderungen in der Entwicklung aufmerksam macht, um jedesmal auch die ihnen korrespondierenden pädagogischen Massnahmen hinzuzufügen. So beobachtet er, um nur noch einiges anzuführen, genau das Erwachen der einzelnen intellektuellen Vermögen, das Eintreten des kritischen Alters, das Hervortreten und die Richtung der einzelnen Neigungen, Leidenschaften und Triebe. Seine ganze Pädagogik, darf man wohl sagen, ist eigentlich eine fortwährende Anwendung der für ihn so charakteristischen Maxime: „Verrücke das Lebensalter ebensowenig als die Jahreszeiten; der Mensch muss zu allen Zeiten er selbst sein und nicht gegen die Natur ankämpfen [1])", oder wie seine bekannten Worte lauten: „Die Menschheit hat ihren Platz in der Ordnung der Dinge, die Kindheit den ihrigen in der Ordnung des menschlichen Lebens; man muss im Manne den Mann, im Kinde das Kind betrachten [2])."

Ausser diesen Eigenheiten folgt aus dem Kriterium, nach welchem die Natur als etwas sich Entwickelndes zu betrachten ist, die weitere Maxime, dass die Erziehung ebenso lange anhalten muss, als sich die Natur entwickelt. Auch dieser Konsequenz entspricht seine Pädagogik. Er lässt die Erziehung gleich bei der Geburt beginnen [3]) und schliesst sie nicht ab, wo die gewöhnliche Erziehung aufhört, sondern verlängert sie absichtlich bis zu jenem Zeitpunkte, wo die Natur als physisch und psychisch völlig entwickelt gelten darf [4]).

War es schon von tiefgreifendem Einflusse auf die Gestaltung der Pädagogik, dass Rousseau überhaupt auf die Entwicklung der Menschennatur als auf einen für die Erziehung sehr bedeutsamen Faktor hinwies, so erwarb er sich ein weiteres Verdienst durch die Aufstellung und Geltendmachung jener Grundsätze, welche er aus

---

[1]) Daher trifft sein Tadel die Erziehung, welche die Gegenwart einer ungewissen Zukunft opfert (VIII, 112). „La nature veut, que les enfants soient enfans avant que d'être hommes." (Nouvelle Héloïse; tom. VII, 265.)

[2]) Tom. VIII, 115. — Diese Maxime betont er auch rücksichtlich der Mädchenerziehung: „J'estime qu'il faut avoir égard à ce qui convient à l'âge aussi-bien qu'au sexe; qu'une jeune fille ne doit pas vivre comme sa grand mère, qu'elle doit être vive, enjouée, folâtre, chanter, danser autant qu'il lui plaît, et goûter tous les innocens plaisirs de son âge: le temps ne viendra que trop tôt d'être posée et de prendre un maintien plus sérieux." (IX, 256.)

[3]) Tom. VII, 263. (Nouv. Hél.)

[4]) Die hierauf abzielende Vorschrift lautet: „Sitôt qu'il naît emparez-vous de lui, et ne le quittez plus qu'il ne soit homme: vous ne réussirez jamais sans cela!" (VIII, 47.)

der Art und Weise ihrer Entwicklung ableitete. So steht beispielsweise mit der Beobachtung, dass sich die Natur langsam und stufenweise[1]) entwickelt, unverkennbar in nächstem Zusammenhange nicht nur seine oberste und wichtigste Regel aller Erziehung „Zeit zu verlieren", sondern ebenso auch die Forderung, dass alle Erziehung, besonders aller Unterricht, langsam und lückenlos[2]) zu erfolgen habe[3]).

Ohne die Folgerichtigkeit seiner sonstigen Ratschläge und Grundsätze bis ins einzelnste zu verfolgen, zeigen die hier als charakteristisch angeführten bereits, von welch weittragender praktischer Bedeutung gerade jene Grundforderung der Rousseauschen Pädagogik ist, welche auf den engsten Anschluss aller pädagogischen Massregeln an die stetig sich verändernden, durch unausgesetzte Beobachtung abzulauschenden Bedürfnisse der kindlichen Natur abzielt.

V.

Rückblick. Fundamentale Bedeutung des Naturprinzips. Unzulänglichkeit desselben (Subjektives Prinzip).

Den im letzten Teile angestellten Einzelbetrachtungen zufolge dürfen wir nun am Schlusse dieser Ausführungen das Gesamturteil fällen: Die Rousseausche Pädagogik ist eine naturgemässe Pädagogik[4]) in strengstem, wenn auch eigenartigem Sinne[5]) des Wortes. Der weit- und tiefgehende Einfluss des Naturprinzips auf die Gestaltung derselben ist damit erwiesen, dass die, aus den Hauptkriterien seiner anthropologischen Anschauungen sich ergebenden, Konsequenzen seiner Pädagogik als herrschende und typische Züge das eigentümliche Gepräge verleihen.

---

[1]) Tom. VIII, 437.
[2]) Tom. VIII, 518.
[3]) Tom. VIII, 436.
[4]) Hauber dagegen: „Wie aber jemand in dem Buche das „Naturevangelium" verkündigt finden kann, das lässt sich nur erklären, wenn er, anstatt dasselbe durchzukosten, nur daran genippt hat" (a. a. O.).
[5]) Als Kind seiner Zeit zeigt sich in Rousseau die ungeschichtliche Denkweise seines Zeitalters darin, dass er alle historische Entwicklung in der Natur des Menschen verkannte und damit mit der ganzen Aufklärung die soziale und historische Bedingtheit alles Menschlichen unterschätzte. Nicht ohne Grund sieht daher Fester (Rousseau und die deutsche Geschichtsphilosophie. Stuttgart 1890) in der unhistorischen Denkweise Rousseaus die Hauptwurzel aller seiner Irrtümer. — Seine Lehre von der „unbedingten Natur", dem „être absolu", wurde von seinen beiden nächsten Nachfolgern Basedow und Pestalozzi bald als Mangel erkannt und überwunden.

Nachdem wir anfangs das Wesen des Rousseauschen Naturprinzips gekennzeichnet und nun auch seine Geltendmachung in der Pädagogik kennen gelernt haben, lässt sich auf Grund obiger Betrachtungen schliesslich die **Bedeutung dieses Prinzips** kurz angeben. Das Rousseausche Prinzip der Naturgemässheit ist zunächst insofern von dauernder Wirkung, als es den **Ausgangspunkt** seiner und einer jeden gesunden Pädagogik richtig bestimmt. Die sich gesetzmässig entwickelnde Natur des Kindes ist die Basis, auf welche nach ihm das ganze Erziehungsgeschäft zu gründen ist. Nicht minder bedeutsam ist das Naturprinzip sodann als **methodisches Prinzip**[1]). Als solches fordert es den strengsten Anschluss des ganzen erziehlichen und unterrichtlichen Verfahrens an die jeweiligen Bedürfnisse und Zustände der kindlichen Natur. Endlich gewinnt das Prinzip auch Bedeutung für die **Zielbestimmung**. In der unzweifelhaft konsequenten und berechtigten Forderung: „Unser Ziel ist kein anderes als das der Natur" offenbart sich aber zugleich auch die **Schwäche und Unzulänglichkeit dieses Prinzips**[2]). Abgesehen davon, dass genannte Zielbestimmung eine sehr allgemeine und unbestimmte[3]) ist, beweisen die Resultate seiner Erziehung am deutlichsten, dass das aus seinem

---

[1]) Was Rousseau in dieser Beziehung daraus ableitet, gehört zu den wertvollsten und fruchtbarsten Zügen seiner Pädagogik.

[2]) Wir können hier Spangenberg (Rousseaus Émile im Lichte der heutigen Erziehungsansichten. Pr. Kassel 1874) durchaus nicht beistimmen. Ihm erscheint das Naturprinzip Rousseaus als das zusagendste, umfassendste Grundprinzip, als das einzige, welches sowohl den formalen als auch den materialen Forderungen gerecht wird (p. 24). — Im Gegensatze hierzu müssen wir behaupten, dass das Naturprinzip, wie überhaupt, so besonders in Bezug auf die Zielbestimmung ein vorwiegend formales Prinzip ist und als solches für eine inhaltliche Zielangabe nicht ausreicht. „Naturgemäss zu verfahren, lesen wir bei Diesterweg (Wegw. z. Bildg. deutscher Lehrer p. 130), ist die höchst allgemeinste formale Forderung für jeden Erzieher." „Aus dem Wesen des Einzelnen, bemerkt Rein richtig, können wohl psychologisch die Mittel entwickelt werden, nie aber das Ziel." (Encyklop. Handbuch, Artikel „Erziehungsziel." II, 64). In nämlichem Sinne äussert sich Hochegger (Über Individual- und Sozialpädagogik. Gotha 1891. p. 17 ff.). Vergl. ausserdem Dilthey (Über die Möglichkeit einer allgemein gültigen pädagogischen Wissenschaft. Sitzungsberichte der Königlich Preussischen Akademie der Wissenschaften zu Berlin 1888. 2. Halbbd. p. 808 und 818), W. Toischer, Theoretische Pädagogik und allgemeine Didaktik 1896. p. 2 (Handbuch der Erziehungs- und Unterrichtslehre von Baumeister) und Willmann. a. a. O. I, 61.

[3]) Schon deswegen, weil es progressiv aufzufassen ist; vergl. seine eigene Äusserung hierüber: „On connoît donc ou l'on peut connoître le prenner point d'où part chacun de nous pour arriver au degré commun de l'entendement; mais qui est-ce qui connoît l'autre extrémité? Je ne sache pas qu'aucun philosophe ait encore été assez hardi pour dire: Voilà le terme où l'homme peut parvenir et qu'il ne sauroit passer. Nous ignorons ce que notre nature nous permet d'être." (VIII, 78.)

Naturprinzip abgeleitete Ziel unmöglich das einzige noch letzte seiner Pädagogik sein kann. Der streng nach seinem Prinzipe der Naturgemässheit Erzogene wird ja lediglich mit Rücksicht auf die Beschaffenheit und Bedürfnisse seiner Individualität herangebildet. Seine Entwicklung ist also eine einseitige, für das Leben ungenügende. Dieser Thatsache gegenüber sieht sich denn auch Rousseau genötigt, das subjektive Prinzip der Naturgemässheit durch ein anderes, objektives, zu ergänzen und zu berichtigen[1]).

Mag nun immerhin Rousseau in seinen Anschauungen über die Natur des Kindes und Menschen überhaupt nicht überall das Richtige getroffen haben, mag er insbesondere auch bezüglich seiner pädagogischen Massnahmen und Vorschriften öfters das Mass des Richtigen und Möglichen überschritten haben: sein Verdienst, dem Prinzipe der Naturgemässheit zu fundamentaler Bedeutung für die Pädagogik verholfen zu haben, bleibt deshalb ein ungeschmälertes.

Unbeschadet der veränderten Auffassung, wie wir sie heute von der Natur des Menschen besitzen und wie dieselbe analog den Ergebnissen der Erforschungen physiologischer und psychologischer Probleme noch mannigfach variieren wird, behält doch sein oberster Grundsatz: „Die Erziehung habe der Natur zu folgen", seine volle Gültigkeit und wird sie behalten, solange man dem hohen Ziele einer wahrhaft humanen Menschenbildung nachstrebt[2]).

---

[1]) Das lässt sich auch in Bezug auf sein eigenes Leben beobachten Cf. Brockerhoff, a. a. O. I, 380 f.

[2]) R. Dietrich hat diejenigen Grundsätze Rousseaus übersichtlich zusammengestellt, welche für die gegenwärtige Volksschule noch volle Geltung haben (Rhein. Blätter 1886. Heft V, 395 ff.; VI, 489 ff.).

B.
Das Gesellschaftsprinzip in Rousseaus Pädagogik.

I.
Allgemeine Begriffsbestimmung.

Die im ersten Teile vorgenommene Analyse der Rousseauschen Pädagogik hatte den Zweck, jene wesentlicheren Züge aufzufinden und zusammenzustellen, welche sich als Ausfluss der von uns als charakteristisch erkannten Grundforderungen seines Naturprinzips zu erkennen gaben. Das dadurch gewonnene Bild war noch ein sehr unvollständiges. Viele für die Rousseausche Pädagogik ebenfalls charakteristische Züge kamen dabei nicht zur Geltung. Was nun diese letzteren vom Naturstandpunkte Rousseaus aus befremdlich erscheinenden und, weil nicht ohne weiteres aus ihm folgend, von uns in obiger Darstellung fortgelassenen Seiten der Rousseauschen Pädagogik anlangt, so haben diese, wie wir schon andeuteten, eine verschiedene Auffassung gefunden. Während sich auf der einen Seite deutlich das Bemühen zeigt, auch diese Züge dem Umfange des Naturprinzips einzuverleiben, was, wie leicht einzusehen, ohne Zwang nicht möglich ist, fehlt es auf der anderen Seite auch nicht an Stimmen, welche bewusste disparate Erscheinungen einfach als Inkonsequenzen seines Systems brandmarken. Es unterliegt wohl kaum einem Zweifel, dass beide Betrachtungsweisen mehr oder minder unter dem Einflusse jener irrigen und ganz unbegründeten Annahme stehen, nach welcher das Prinzip der Naturgemässheit als das einzige angesehen wird, das in der Rousseauschen Pädagogik zur Geltung kommt.

Nach unserer in der Einleitung gekennzeichneten und in der Darlegung des philosophischen Ursprungs seiner pädagogischen Ideen begründeten Auffassung der Rousseauschen Pädagogik können wir uns nicht entschliessen, einer von diesen Anschauungen zuzustimmen. Wir glauben vielmehr in den in Frage stehenden Zügen den Einfluss eines zweiten Prinzips erkennen zu müssen, das wir am einfachsten als Gesellschaftsprinzip bezeichnen können. Darunter verstehen wir im allgemeinen die in den Rücksichten auf sein Gesellschaftsideal wurzelnden Züge seiner Pädagogik, welche den durch das Naturprinzip begründeten Forderungen teils ganz zuwiderlaufen, teils dieselben modifizieren, sei es durch Einschränken und Mildern, sei es durch Berichtigen und Ergänzen.

Dass wir mit dieser Auffassung nicht irre gehen, dürfte dann bewiesen sein, wenn es gelingt, mit Hülfe dieses neuen Gesichtspunktes die dem Naturstandpunkte Rousseaus mehr oder minder heterogenen Elemente seiner Pädagogik ungezwungen zusammenzufassen und zu erklären.

Um diesen Versuch anzustellen, ist es nötig, sich zuvor darüber klar zu werden, wie das Rousseausche Ideal der Gesellschaft beschaffen war, zu dessen Verwirklichung er durch die Erziehung den rechten Grund legen wollte. Diese Erörterung soll der Gegenstand des folgenden Abschnittes sein.

II.
Rousseaus Gesellschaftsideal.

Bei der oben dargelegten Entwicklung der philosophischen Ideen Rousseaus sahen wir nicht nur, welches die Voraussetzung seines Gesellschaftsideals war und wo die Wurzeln desselben zu suchen waren, sondern es ging daraus auch hervor, welchen Charakter dasselbe im allgemeinen annehmen werde. Obwohl dieser also nach seinen Haupttendenzen damals bereits feststand, so bedurfte es doch noch längerer Zeit, ehe das Ideal selbst in allen Zügen bleibende Gestalt gewann.

Um nun in Kürze zu zeigen, wie Rousseau wiederholt sein Interesse diesem Problem zuwandte und frühere Gedankengänge weiterspann, erwähnen wir flüchtig nur die wichtigsten Punkte.

Benutzte er schon seine Stellung als Gesandtschaftssekretär in Venedig[1]) zu historischen Studien und fasste er damals bereits den Plan, ein Werk über Staatsverfassung zu schreiben[2]), so beschäftigte er sich während des viermonatlichen Aufenthaltes

---

[1]) Confess. p. II, l. VII; tom. II, 31 ff.
[2]) Conf., p. II, l. IX; tom. II, 214. — War seine Beschäftigung mit politischen und sozialen Verhältnissen bisher eine gelegentliche, beiläufige gewesen, so wurde jetzt das Staatsleben in seinem ganzen Umfange ein Gegenstand besonderer Betrachtung. Cf. Brockerhoff, a. a. O. I, 253 ff.

in seiner Vaterstadt (1754) noch eingehender mit dem Studium der Politik, indem er sich besonders über die inneren politischen Verhältnisse der Republik Klarheit zu verschaffen suchte. Hierfür sowohl als auch für die Gestaltung seiner sozialphilosophischen Anschauungen überhaupt war sein weitverzweigter Verkehr mit gelehrten Freunden[1]) daselbst von bleibender Bedeutung. Auch tauchte hier die in Venedig gefasste Idee wieder auf. Ich durchdachte, schreibt er in seinen Bekenntnissen[2]), den bereits entworfenen Plan zu meinen „politischen Einrichtungen". Ausser diesen Vorstudien war für die Genesis des Contrat social auch der Aufsatz von Bedeutung, welchen er als Mitarbeiter für die grosse Encyklopädie verfasste und welcher den Titel trug Économie politique (1755)[3]).

Das treffendste Zeugnis einerseits für das Interesse, mit welchem er seinen sozialen Idealen nachging, anderseits für die Bedeutung, die er von ihnen erhoffte, giebt er selbst in seinen Confessions. Als Beleg hierfür führen wir die folgende Stelle an: „Von den verschiedenen Werken, an denen ich arbeitete, war das, welches meine Gedanken am meisten in Anspruch nahm, mit dem ich mich am liebsten beschäftigte, an dem ich mein ganzes Leben lang arbeiten wollte, und mit dem ich meinem Rufe die Krone aufzusetzen gedachte, meine „politischen Einrichtungen." Schon dreizehn oder vierzehn Jahre vorher hatte ich die erste Idee dazu gefasst, als ich bei meinem Aufenthalte in Venedig Gelegenheit erhalten hatte, die Fehler dieser so hoch gerühmten Regierung zu erkennen. Durch das Studium der Geschichte der Moral hatte sich mein Gesichtskreis seitdem bedeutend erweitert. Ich war zu der Einsicht gelangt, dass im letzten Grunde alles auf die Politik ankäme, und dass jedes Volk, auf welche Weise man es auch immer anstellen möchte, nur das sein würde, was die Natur seiner Regierungsform aus ihm machen musste"[4]).

Als eine weitere und zwar ungleich deutlichere Offenbarung seiner sozialen Ideen tritt uns die 1761 erschienene Nouvelle Héloïse entgegen, „das Manifest gegen die Unnatur und Verkünstelung der Gesellschaftszustände." Den letzten endgültigen Ausdruck fand sein Ideal schliesslich in dem ein Jahr darauf erschienenen berühmten Contrat social[5]).

Zeichnen wir jetzt das Ideal, dessen Entwicklungsstadien wir soeben andeuteten, nach seinen Hauptumrissen!

---

[1]) Confess., partie II, livr. VIII; tom. II, 197.
[2]) Tom. II, 198.
[3]) Tom. IV, 385 ff. — Brockerhoff, a. a. O. II, 449.
[4]) Tom. II, 214 f.
[5]) In Bezug auf sein Verhältnis zur 2. Preisschrift äussert Rousseau: „Tout ce qu'il y a de hardi dans le Contrat social, étoit auparavant dans le Discours sur l'Inégalité." (II, 219. — Confess. partie II, livre IX.)

Seinem Ursprunge gemäss musste das Gesellschaftsideal Rousseaus im allgemeinen auf Beseitigung des Widerspruchs zwischen der Natur und den sozialen Institutionen abzielen. Rousseau hatte, wie er selbst erklärt, die Aufgabe zu lösen, zu untersuchen, „ob es in der bürgerlichen Verfassung irgend einen gerechten und sichern Grundsatz der Verwaltung geben kann, wenn man die Menschen nimmt, wie sie sind, und die Gesetze, wie sie sein können[1]." Sein Gesellschaftsprinzip musste also seinem Standpunkte zufolge dem Prinzip der Naturgemässheit notwendig Rechnung tragen[2]. Von diesem Gesichtspunkte aus wollen wir die Darstellung desselben versuchen.

Wie wir sahen, erkannte Rousseau in dem infolge der Vergesellschaftung eingetretenen Verluste der dem Menschen von Natur eigenen Freiheit und Gleichheit die Hauptquellen alles sozialen Übels. Diese galt es zu verstopfen. Das konnte nur dadurch geschehen, dass Rousseau eine Form fand, in der jene dem Menschen wesenhaften Eigenschaften ihm auch innerhalb der Gesellschaft gewahrt blieben. Zu diesem Ziele führten ihn folgende Betrachtungen. „Die älteste und die einzige natürliche unter allen gesellschaftlichen Vereinigungen ist die Familie;[3]) trotzdem bleiben die Kinder nur so lange mit dem Vater verbunden, als sie seiner zu ihrer Erhaltung bedürfen. Sobald dieses Bedürfnis aufhört, löst sich das natürliche Band. Von dem Gehorsam befreit, den die Kinder dem Vater schuldig sind, und der Sorgfalt überhoben, zu der der Vater den Kindern gegenüber verpflichtet ist, kehren alle in gleicher Weise zur Unabhängigkeit zurück. Setzen sie dem ungeachtet ihre Verbindung fort, so ist das nicht mehr ein natürlicher Zustand, sondern ein freiwilliges Übereinkommen. Die Familie an sich hat nur durch Übereinkunft

---

[1] Tom. V, 109 (Contr. soc).
[2] Wie seine Naturanschauung zeigte (Siehe oben p. 37), war das Gesellschaftsprinzip in seinem Naturprinzip insofern begründet, als er — entgegen seiner früheren Anschauung — in der Natur des Menschen auch soziale Gefühle und Triebe erkannte. Damit war bereits die Möglichkeit gegeben, über den engen Standpunkt des Naturmenschen hinauszugehen und zu dem einer naturgemässen Kultur fortzuschreiten — Rousseau war eben nicht bloss der erste grosse Gesellschaftskritiker der Neuzeit (Paulsen in Reins encykl. Hdb. I, 176), sondern er war gleichzeitig auch der erste, der in der neueren Zeit das Kulturproblem aufgestellt hat. (Cf. Höffding, Geschichte der neuern Philosophie; übersetzt von Bendixen. Leipzig 1895. I. 545.)
[3] Nach Wundt, a. a. O. 159 f., ist der Stammesverband die ursprüngliche soziale Vereinigung. Aus ihr ist in divergierender Entwicklung der engere Kreis der Familie wie der weitere des Staates hervorgegangen. Der Mensch individualisiert sich aus dem Zustande sozialer Indifferenz heraus; aber er individualisiert sich nicht, um sich bleibend von der Gemeinschaft zu lösen, aus der er hervorging, sondern um sich ihr mit reicher entwickelten Kräften zurückzugeben. (p. 389.)

Bestand¹).“ Obwohl hiernach Rousseau den Bestand der Familie nicht mehr als natürlichen Zustand, sondern als freiwilliges Übereinkommen betrachtet, bezeichnet er doch anderseits die durch sie erzielte „gemeinsame Freiheit" als eine Folge der Natur des Menschen ²).

Nun ist die Familie nach Rousseau „das erste Muster der politischen Gesellschaften. Der Herrscher ist das Abbild des Vaters, das Volk das Abbild der Kinder, und da alle gleich und frei geboren sind, verzichten sie auf ihre Freiheit nur um ihres Nutzens willen³).“ Aus diesen Äusserungen ist deutlich zu ersehen, dass Rousseau den Staat und ebenso jede andere Gesellschaft als ein Vertragsverhältnis⁴), als ein nur gesellschaftliches Übereinkommen auffasst⁵).

Worin das Wesen dieses Vertrages besteht, setzt er wiederholt auseinander. „Scheidet man, sagt er z. B., vom Gesellschaftsvertrage alles aus, was nicht zu seinem Wesen gehört, so wird man sich überzeugen, dass er sich in folgende Worte zusammenfassen lässt: Jeder von uns stellt gemeinschaftlich seine Person und seine ganze Kraft unter die oberste Leitung des allgemeinen Willens (volonté générale)⁶) und wir nehmen jedes Mitglied als untrennbaren Teil des Ganzen auf"⁷).

Demzufolge schliesst der Gesellschaftsvertrag eine gegenseitige Verpflichtung zwischen dem Gemeinwesen und dem Einzelnen in sich⁸). Sobald die Menge auf solche Weise zu einem Körper vereinigt ist⁹), heisst es, kann man keins seiner Glieder verletzen, ohne den Körper anzugreifen, und noch weniger den Körper verletzen, ohne dass die Glieder darunter leiden. So verbinden Pflicht und Interesse beide vertragschliessende Teile in gleicher Weise, sich gegenseitig Beistand zu leisten, und in

---

¹) Tom. V, 111.
²) Tom. V, 111.
³) Tom. V, 111.
⁴) Tom. V, 110: „L'ordre social est un droit sacré qui sert de base à tous les autres. Cependant ce droit ne vient point de la nature; il est donc fondé sur des conventions."
⁵) Tom. V, 116: „Puisque aucun homme n'a une autorité naturelle sur son semblable, et puisque la force ne produit aucun droit, restend donc les conventions pour base de toute autorité légitime parmi les hommes."
⁶) Über den Begriff der „volonté générale" vergl. Fr. Haymann, J. J. Rousseaus Sozialphilosophie. Leipzig 1898. p. 69 ff
⁷) Tom. V, 126. — Die Idee einer Übereinkunft, bemerkt Höffding, a. a. O. 135 ganz richtig, zwischen den im Naturzustande isolierten Individuen ist doch ein zu mechanischer Gesichtspunkt, und zwar um so mehr, als Rousseau auf die Einheit des allgemeinen Volkswillens grosses Gewicht legt.
⁸) Tom. V, 128.
⁹) Tom. V, 245: „Tant que plusieurs hommes réunis se considèrent comme un seul corps, ils n'ont qu'une seule volonté qui se rapporte à la commune conservation et au bien-être général."

dieser doppelten Beziehung müssen die nämlichen Menschen darauf bedacht sein, alle daraus hervorgehenden Vorteile zu vereinigen [1].

Die Notwendigkeit sowohl der gesellschaftlichen Vereinigung als auch die eines vertragsmässigen Übereinkommens setzt Rousseau folgendermassen auseinander: „Ich nehme an, dass sich die Menschen bis zu der Stufe emporgeschwungen haben, wo die Hindernisse, die ihrer Erhaltung in dem Naturzustande schädlich sind, durch ihren Widerstand die Oberhand über die Kräfte gewinnen, die jeder einzelne aufbieten muss, um sich in diesem Stande zu behaupten. Dann kann dieser ursprüngliche Zustand nicht länger fortbestehen, und das menschliche Geschlecht müsste zu Grunde gehen, wenn es die Art seines Daseins nicht änderte.

Da nun die Menschen unfähig sind, neue Kräfte hervorzubringen, sondern lediglich die einmal vorhandenen zu vereinigen und zu lenken vermögen, so haben sie zu ihrer Erhaltung kein anderes Mittel, als durch Vereinigung eine Summe von Kräften zu bilden, die den Widerstand überwinden kann, und alle diese Kräfte durch eine einzige Triebkraft in Bewegung zu setzen und sie in Gemeinschaft wirken zu lassen.

Eine solche Summe von Kräften kann nur durch das Zusammenwirken mehrerer entstehen. Da jedoch die Stärke und die Freiheit jedes Menschen die Hauptwerkzeuge seiner Erhaltung sind, wie kann er sie hergeben, ohne sich Schaden zu thun und die Sorgfalt zu versäumen, die er sich schuldig ist?" [2]

Die hierin enthaltene Schwierigkeit ist das Grundproblem, welches der Gesellschaftsvertrag zu lösen hat. Die Frage, die sich dadurch für ihn erhebt, formuliert Rousseau genauer so: Wie findet man eine Gesellschaftsform, welche mit der ganzen gemeinsamen Kraft die Person und das Vermögen jedes Gesellschaftsgliedes verteidigt und schützt und kraft dessen jeder einzelne, obgleich er sich mit allen vereint, gleichwohl nur sich selbst gehorcht und so frei bleibt wie vorher? [3] Die Lösung dieses Problems ist nach ihm nur möglich „durch das gänzliche Aufgehen jedes Gesellschaftsgliedes mit allen seinen Rechten in der Gesamtheit; denn indem sich jeder ganz hingiebt, so ist das Verhältnis für alle zunächst gleich, und weil das Verhältnis für alle gleich ist, so hat niemand ein Interesse daran, es den andern drückend zu machen [4]."

Man sieht, wie dadurch, dass bei dem freiheitlichen Vertrage ein jeder ein Gleiches, nämlich seine natürliche Freiheit opfert, unter den Vertragschliessenden wieder eine ge-

---

[1] Tom. V, 129.
[2] Tom. V, 124 f.
[3] Tom. V, 125.
[4] Tom. V, 125 f.

wisse Gleichheit[1]) hergestellt wird. Aus dieser Gleichheit, meint Rousseau, geht dann die **bürgerliche Freiheit** hervor. Der Mensch soll nämlich nicht ganz im Staate aufgehen[2]), sondern muss sich im Gegensatze zu der politischen Freiheit auch immer seine bürgerliche Freiheit wahren. Dem Staate gehört nur soviel, als jeder mit allen gemein hat; was dagegen jeder als Eigentum besitzt, gehört in das Bereich der persönlichen Freiheit. Gleichheit und Freiheit bedingen sich also wechselseitig[3]).

Auf diese Weise hofft Rousseau in dem Gesellschaftsvertrage diejenige Form der Vereinigung gefunden zu haben, welche der dem Menschen natürlichen und unveräusserlichen Freiheit sowohl, als auch der ursprünglichen Gleichheit am besten gerecht wird. Dass auf diese Anpassung sein Augenmerk ganz besonders gerichtet war, geht aus zahlreichen Äusserungen unzweideutig hervor. So drückt er z. B. seine Grundüberzeugung bezüglich der im Staate zu fordernden Freiheit klar und bestimmt aus, wenn er sagt: „Auf seine Freiheit verzichten, heisst auf seine Menschheit, die Menschenrechte, ja selbst auf seine Pflichten verzichten. Wer auf alles verzichtet, für den ist keine Entschädigung möglich. Eine solche Entsagung ist mit der Natur des Menschen unvereinbar, und man entzieht, wenn man seinem Willen alle Freiheit nimmt, seinen Handlungen allen sittlichen Wert[4]).“ Und im Hinblick auf die nach seiner Naturanschauung notwendig anzustrebende Gleichheit macht er die wichtige Bemerkung: „Der Grundvertrag hebt nicht etwa die natürliche Gleichheit auf, sondern setzt im Gegenteil an die Stelle der physischen Ungleichheit, welche die Natur unter den Menschen hätte hervorrufen können, eine sittliche und gesetzliche Gleichheit, sodass die Menschen, wenn sie auch an körperlicher und geistiger Kraft ungleich sein können, durch Übereinkunft und Recht alle gleich werden[5]).“

Prüft man ferner, welche weitgehende Bedeutung diese Grundforderungen der Freiheit und Gleichheit in seinem Ideale erlangen, dann muss man dem Urteile E. J. Krömers völlig beistimmen, wenn er in Bezug auf sie sagt: „So sehr nehmen diese Güter die

---

[1]) Tom. V, 147: „Par quelque côté qu'on remonte au principe, on arrive toujours à la même conclusion; savoir, que la pacte social établit entre les citoyens une telle égalité, qu'ils s'engagent tous sous les mêmes conditions et doivent jouir tous des mêmes droits."
[2]) Tom. V, 145: „On convient que tout ce que chacun aliène, par le pacte social, de sa puissance, de ses biens, de sa liberté, c'est seulement la partie de tout cela dont l'usage importe à la communauté; mais il faut convenir aussi que le souverain seul est juge de cette importance."
[3]) Reissig, J. J. Rousseaus Leben und Wirken, Leipzig 1879; p. 27; 47.
[4]) Tom. V, 118.
[5]) Tom. V, 136.

oberste Stelle im Staate ein, dass alles andere nur insofern Beachtung erfährt, als es zu denselben im Verhältnis steht"[1]).

Trotzdem nun auf Grund des Gesellschaftsvertrages Freiheit und Gleichheit als höchste Güter des Menschen und der Menschheit soviel als möglich gewahrt werden und auch sonst alle natürlichen Rechte thunlichst unangetastet bleiben sollen, so weist doch der Gesellschaftszustand, wie sich ihn Rousseau dachte, im Vergleich zum Naturzustande eine immerhin bemerkenswerte Veränderung auf. Da durch diesen Vergleich das Rousseausche Gesellschaftsideal sich von dem des Naturzustandes deutlich abhebt und dadurch an Klarheit gewinnt, lassen wir die hierauf bezüglichen Auslassungen Rousseaus folgen[2]). „Der Übergang aus dem Naturzustande in das Staatsbürgertum bringt in dem Menschen eine sehr bemerkbare Veränderung hervor, indem in dem Verhalten desselben die Gerechtigkeit an die Stelle des Instinkts tritt und sich in seinen Handlungen der sittliche Sinn zeigt, der ihnen vorher fehlte. Erst in dieser Zeit verdrängt die Stimme der Pflicht den physischen Antrieb und das Recht der Begierde, sodass sich der Mensch, der bis dahin lediglich auf sich selbst Rücksicht genommen hatte, gezwungen sieht, nach anderen Grundsätzen zu handeln und seine Vernunft um Rat fragt, bevor er auf seine Neigungen hört. Obgleich er in diesem Zustande mehrere Vorteile, welche ihm die Natur gewährt, aufgiebt, so erhält er dafür doch so bedeutende andere Vorteile: Seine Fähigkeiten üben und entwickeln sich, seine Ideen erweitern, seine Gesinnungen veredeln, seine ganze Seele erhebt sich in solchem Grade, dass er, wenn ihn der Missbrauch seiner neuen Lage nicht oft noch unter die, aus der er hervorgegangen, erniedrigte, unaufhörlich den glücklichen Augenblick segnen müsste, der ihn dem Naturzustande auf ewig entriss und aus einem ungesitteten und beschränkten Tiere ein einsichtsvolles Wesen, einen Menschen machte.

Führen wir die ganze Vergleichung beider Zustände auf einige Punkte zurück, bei denen die Unterschiede am klarsten hervortreten.

---

[1]) A. a. O. p. 8 f. — „Rousseaus politisches Ideal ist die Freiheit und Gleichheit der reinen Demokratie." (Überweg-Heinze, a. a. O. III¹, 216.) — Cf. Plantiko, a. a. O. p. 16; 22.

[2]) Nirgends tritt der Fortschritt, den die Gedanken des Contr. soc. im Vergleiche zu den im 2. Disc. ausgesprochenen aufweisen, augenfälliger hervor als hier. Der Gegensatz, der zwischen den Ausführungen Rousseaus in letztgenannter Schrift und in seinem „Gesellschaftsvertrag" besteht, wird von Kant dahin formuliert, dass jene den unvermeidlichen Widerstreit der Kultur mit der Natur des menschlichen Geschlechts als einer physischen Gattung, in welcher jedes Individuum seine Bestimmung ganz erreichen soll, nachweist; diese aber das schwerere Problem aufzulösen suche, wie die Kultur fortgehen müsse, um die Anlagen der Menschheit als einer sittlichen Gattung zu ihrer Bestimmung gehörig zu entwickeln, so dass diese jener als Naturgattung nicht mehr widerstreite. Cf. Plantiko, a. a. O. p. 28.

Der Verlust, den der Mensch durch den Gesellschaftsvertrag erleidet, besteht in dem Aufgeben seiner natürlichen Freiheit und des unbeschränkten Rechtes auf alles, was ihn reizt und er erreichen kann; sein Gewinn in der bürgerlichen Freiheit und in dem Eigentumsrecht auf alles, was er besitzt. Um sich bei dem Abwägen der Vorteile beider Stände keinem Irrtum hinzugeben, muss man die natürliche Freiheit, die nur in den Kräften des Einzelnen ihre Schranken findet, von der durch den allgemeinen Willen beschränkten bürgerlichen Freiheit genau unterscheiden und in gleicher Weise den Besitz, der nur die Wirkung der Stärke oder des Rechts des ersten Besitzergreifers ist von dem Eigentum, das nur auf einen sicheren Rechtsanspruch gegründet werden kann.

Nach dem Gesagten würde man noch zu den Vorteilen des Staatsbürgertums die sittliche Freiheit[1]) hinzufügen können, die allein den Menschen erst in Wahrheit zum Herrn über sich selbst macht; denn der Trieb der blossen Begierde ist Sklaverei, und der Gehorsam gegen das Gesetz, das man sich selber vorgeschrieben hat, ist Freiheit[2])."

Nachdem wir bisher die allgemeinen Grundsätze gezeigt, auf welchen Rousseau sein Gesellschaftsideal konstruiert, verfolgen wir noch in Kürze, welche weiteren Züge er daraus ableitet oder damit in Verbindung bringt.

Die erste und wichtigste Schlussfolge aus den bis jetzt aufgestellten Grundsätzen, bemerkt er selbst, kann nur die sein, dass der allgemeine Wille allein die Kräfte des Staates gemäss dem Zwecke seiner Einrichtung, der in dem Gemeinwohl besteht, leiten kann; denn wenn der Gegensatz der Privatinteressen die Errichtung der Gesellschaften nötig gemacht hat, so hat sie doch erst die Übereinstimmung der nämlichen Interessen ermöglicht. Das Gemeinsame in diesen verschiedenen Interessen bildet das gesellschaftliche Band; und gäbe es nicht irgend einen Punkt, in dem alle Interessen übereinstimmen, so könnte keine Gesellschaft bestehen. Einzig und allein nach diesem gemeinsamen Interesse muss die Gesellschaft regiert werden[3]).

Wie die Natur, setzt Rousseau ferner auseinander, jeden Menschen mit einer unumschränkten Macht über alle seine Glieder ausstattet, so stattet auch der Gesellschaftsvertrag den Staatskörper mit einer unumschränkten Macht über alle die Seinigen aus, und

---

[1]) Die Freiheit kann nur auf dem Boden des gesellschaftlichen Lebens sittlichen Wert und Charakter gewinnen. So lange der Mensch bloss für sich existiert, ist sein Thun und Lassen in moralischer Beziehung indifferent. Erst durch den Eintritt in die soziale Gemeinschaft wird er zu einem sittlichen Wesen, findet er Antrieb und Gelegenheit, die bis dahin ruhenden ethischen Kräfte in Thätigkeit zu setzen. Brockerhoff, a. a. O. III, 111.
[2]) Tom. V, 131 f.
[3]) Tom. V, 137.

eben diese vom allgemeinen Willen geleitete Macht wird Staatshoheit oder Oberherrlichkeit genannt[1]).

Da als Zweck des Gesellschaftsvertrages die Erhaltung derer gilt, die ihn abschliessen, so folgert er daraus: Wer den Zweck will, ist auch mit den Mitteln einverstanden, und diese Mittel lassen sich von einigen Gefahren, ja sogar von einigen Verlusten gar nicht trennen. Wer sein Leben auf Kosten anderer erhalten will, muss es, sobald es nötig, auch für sie hingeben[2]).

Während der Gesellschaftsvertrag dem politischen Körper zum Dasein und Leben verhilft, ist es die Aufgabe der Gesetzgebung, ihn mit Thatkraft und Willenskraft zu erfüllen; „denn der ursprüngliche Akt, durch welchen er sich bildet und verbindet, veranlasst noch nicht, was er zu seiner Erhaltung thun müsse"[3]). Seine Meinung in Bezug auf die Gesetzgebung geht nun dahin, dass „das Volk, welches Gesetzen unterworfen ist, auch ihr Urheber sein muss; nur denen, die sich verbinden, liegt es ob, die Bedingungen der Vereinigung zu regeln"[4]).

Die Gesetzgebung selbst sieht Rousseau als ein ungemein schwieriges Werk an. Es bedürfte nach ihm eigentlich göttlicher Wesen[5]), um den Menschen Gesetze zu geben; denn „was das Werk der Gesetzgebung schwierig macht, ist nicht sowohl das Einzuführende als das erst Auszurottende, und die Seltenheit des Erfolgs hat ihren Grund in der Unmöglichkeit, die Einfachheit der Natur mit 'den Bedürfnissen der Gesellschaft vereinigt zu finden[6]). Derjenige, äussert er weiter, welcher den Mut besitzt, einem Volke Einrichtungen zu geben, muss sich im stande fühlen, gleichsam die menschliche Natur umzuwandeln, jedes Individuum, das für sich ein vollendetes und einzeln bestehendes Ganzes ist, zu einem Teile eines grösseren Ganzen umzuschaffen, aus dem dieses Individuum gewissermassen erst Leben und Wesen erhält, die Beschaffenheit des Menschen zu seiner eigenen Kräftigung zu verändern und an die Stelle des leiblichen und unabhängigen Daseins, welches wir von der Natur empfangen haben, ein nur teilweises und geistiges Dasein zu setzen. Kurz, er muss dem Menschen die ihm eigentümlichen Kräfte nehmen, um ihn mit anderen auszustatten, die seiner Natur fremd sind und die er ohne den Beistand anderer nicht zu benutzen versteht. Je mehr diese natürlichen Kräfte erstorben und vernichtet und je grösser und dauerhafter die erworbenen sind, desto sicherer und vollkommener ist auch die Verfassung[7]).

Der Zweck aller Gesetzgebung muss das höchste Wohl aller sein[8]). Die Bestimmung des letzteren zeigt wieder deutlich,

---

[1]) Tom. V, 144. — [2]) V, 150. — [3]) V, 152. — [4]) V, 156. —
[5]) V, 157. — [6]) V, 173. — [7]) V, 158.
[8]) Tom. V, 174. — Wie sich Rousseaus Zukunftsideal unverkennbar auf seine optimistische Ansicht der Menschennatur stützt, so liegt

wie das Gesellschaftsideal Rousseaus den ursprünglichen und angeborenen Menschenrechten sich möglichst anzupassen sucht. Bei der Untersuchung, heisst es nämlich, worin denn eigentlich das höchste Wohl aller, welches der Zweck eines jeden Systems der Gesetzgebung sein soll, besteht, wird man finden, dass es auf zwei Hauptgegenstände hinausläuft, Freiheit und Gleichheit[1]); Freiheit, weil jede Abhängigkeit des Einzelnen eine ebenso grosse Kraft dem Staatskörper entzieht, Gleichheit, weil die Freiheit ohne sie nicht bestehen kann[2]).

In Bezug auf die verschiedenen Regierungsformen meint Rousseau, dass im allgemeinen für die kleinen Staaten die demokratische, für die mittleren die aristokratische und für die grossen die monarchische die geeignetste sei[3]). Für die Gestaltung derselben in jedem einzelnen Falle sei jedoch eine grosse Anzahl wirklich gegebener Bedingungen von massgebendem Einflusse[4]).

Charakteristisch ist für Rousseaus Ideal seine Anschauung über den Umfang der Vereinigung. Wie die Natur, heisst es, dem Wuchse eines wohlgebildeten Menschen Grenzen gesetzt hat, über welche hinaus sie nur Riesen und Zwerge hervorbringt, so giebt es auch hinsichtlich der besten Zusammensetzung eines Staates Schranken des Umfanges, welchen er haben darf, damit er nicht zu gross sei, um gut regiert werden zu können, und auch nicht allzuklein, um fähig zu sein, sich durch sich selbst zu erhalten[5]).

Was ferner die Vertretung[6]) anlangt, so gilt nach seinem

---

merkwürdigerweise auch den heutigen sozialistischen Theorien eine ähnliche flache, allzueinfache und optimistische Vorstellung von der Menschennatur und ihrer Entwicklung zu Grunde (Volkelt, Vorträge zur Einführung in die Philosophie etc. München 1892; p. 183.)

[1]) Tom. V, 175: „C'est précisément parce que la force des choses tend toujours à détruire l'égalité, que la force de la législation doit toujours tendre à la maintenir."

[2]) Mit Recht konnte darum Rousseau in den „Briefen vom Berge" (Tom. X, 173 ff.) sagen: „Weit entfernt, alle Regierungsformen anzugreifen, habe ich vielmehr alle angenommen". (Philosophische Werke, a. a. O. IV, 828.)

[3]) Tom. V, 194.

[4]) Tom. V, 183: „Mais comme mille événement peuvent changer les rapports d'un peuple, non feulement différens Gouvernemens peuvent être bons à divers peuples, mais au même peuple en différens tems."

[5]) Tom. V, 166. — Zwei Gesichtspunkte kommen dabei für ihn in Betracht: einmal die Rücksicht auf das Nationalgefühl, das er als Quelle der grössten Tugenden fordert (Tom. V, 167.), sodann die Rücksicht auf die Wahrung der Freiheit, für welche nach seiner Anschauung kleinere Staatenganze die günstigsten Bedingungen bieten; denn aus dem von ihm dargelegten Beweise folgt, „dass die Freiheit mit der Vergrösserung des Staates stetig abnimmt." (Tom. V, 184.) — Wie das Nationalitätsgefühl, so entfalten sich auch die für die Rousseausche Charakterbildung so bedeutsamen Mitgefühle sowie die allgemeine Menschenliebe in begrenzten Gesellschaften am besten. (Cf. Höffding, a. a. O. p. 137.)

[6]) Hierzu vergl. Fr. Haymann, J. J. Rousseaus Sozialphilosophie. Leipzig 1898. p. 85 ff.

Ideale: Da das Gesetz nur die Darlegung des allgemeinen Willens[1]) ist, so liegt es auf der Hand, dass das Volk in seiner gesetzgebenden Gewalt nicht vertreten werden kann, während es in der vollziehenden Gewalt, welche nur die nach dem Gesetze angewandte Kraft ist, vertreten werden kann und sogar vertreten werden muss[2]). Wie oben, besonders in dem Vergleiche des Gesellschaftszustandes mit dem Naturzustande, öfters die Bedeutung der Moral[3]) für sein Gesellschaftsideal zu Tage trat, so wollte Rousseau ferner auch die Religion zu einem integrierenden Bestandteile des Staates gemacht sehen[4]). Zur Charakterisierung dieses Standpunktes diene folgende Stelle: „Das Recht, welches der Gesellschaftsvertrag dem Staatsoberhaupte über die Unterthanen giebt, erstreckt sich nicht über die Grenzen des Staatswohles hinaus. Die Unterthanen sind dem Staatsoberhaupte mithin nur insoweit Rechenschaft über ihre Ansichten schuldig, als sich dieselben auf das Gemeinwesen beziehen. Für den Staat ist es allerdings von grosser Wichtigkeit, dass sich ein jeder Bürger zu einer Religion bekennt, die ihn seine Pflichten lieb gewinnen lässt. Die Glaubenssätze dieser Religion gehen dagegen den Staat und dessen Glieder nur insofern etwas an, als sie die Moral und die Pflichten betreffen, welche der Bekenner gegen andere zu erfüllen hat. Sonst kann jeder glauben, was er will, ohne dass dem Staatsoberhaupte das Recht zusteht, sich danach zu erkundigen; denn da er in der anderen Welt keine Befugnis hat, so braucht er sich nicht um das Los seiner Unterthanen in dem zukünftigen Leben zu kümmern, wenn sie nur in dem irdischen gute Bürger sind[5])."

Hinsichtlich der weiteren Beschaffenheit der bürgerlichen Religion und ihres Inhaltes bemerkt er schliesslich: „Die Lehrsätze der bürgerlichen Religion müssen einfach, gering an Zahl und bestimmt ausgedrückt sein und keiner Auslegungen und Erklärungen bedürfen. Das Dasein einer allmächtigen, weisen, wohlthätigen Gottheit, einer alles umfassenden Vorsehung, ein zukünftiges Leben, die Belohnung der Gerechten und Bestrafung der Gottlosen, die

---

[1]) Nach Brockerhoff (a. a. O. I, 452) ist der Wille (nach Gössgen, a. a. O., das Gefühl; siehe oben p. 39, Anm. 9) für Rousseau das eigentliche Wesen des Menschen; darum auch die Seele und Substanz seines Staates.
[2]) Tom. V, 235.
[3]) In der „politischen Ökonomie" (Tom. IV, 385 ff.) sagt Rousseau: „Der politische Körper ist auch ein moralisches Wesen, das einen Willen hat." (Philosophische Werke, a. a. O. II, 265.) „Da man die Rechte des Bürgers gleich von Geburt an geniesst, so muss der Augenblick unserer Geburt auch der Anfang der Ausübung unserer Pflichten sein." (Philosophische Werke, a. a O. II, 297.)
[4]) Hunziker, Rousseau und Pestalozzi, Vortrag. (Öffentliche Vorträge, gehalten in der Schweiz. VIII. Bd., Heft IX; Basel 1885; p. 18.) — Cf. ausserdem Lettres écrites de la montagne; Tom. X, 173 ff; Plantiko, a. a. O., p. 61. [5]) Tom. V, 294 f.

Heiligkeit des Gesellschaftsvertrages und der Gesetze: Das sind positive und untrügliche Glaubenssätze. Was die negativen anlangt, so beschränke ich sie auf einen einzigen, die Unduldsamkeit[1]."

So lässt denn das Gesellschaftsideal Rousseaus mehrfach nahe Beziehungen zu seinem Naturprinzipe erkennen; aus verschiedenen Stellen geht deutlich hervor, dass der Bürger nie aufhören soll, Mensch, d. h. hier Einzelwesen zu sein, dass auch im Staate die Menschenrechte, d. h. die Rechte des Menschenatoms oder des vereinzelten Menschen die Hauptsache bleiben[2].

Mit vorstehender Darstellung haben wir die Hauptzüge des Ideals gekennzeichnet, welches sich Rousseau in Bezug auf die Gesellschaftsreform konstruiert hatte. Da es für unseren Zweck auch nur darauf ankam, uns die charakteristischen Seiten desselben zu vergegenwärtigen, so dürfen wir ungeachtet der Rücksichten auf Vollständigkeit des Bildes unsere Ausführungen hiermit beenden.

Um nun das Gesellschaftsideal einer kurzen kritischen Betrachtung zu unterwerfen, prüfen wir, welche geschichtliche Stellung Rousseau damit zu seinen Vorgängern und Zeitgenossen einnimmt.

Konnten wir früher beobachten, dass sein auf autodidaktischem Wege betriebenes Studium der hervorragendsten philosophischen Systeme auf die Klärung und Ausgestaltung seiner Naturanschauung von mannigfachem, teils direktem, teils indirektem Einflusse war, so lässt sich dasselbe nun auch in Bezug auf sein Gesellschaftsideal beobachten.

Der seinem Ideal zu Grunde liegende Begriff des Vertrages rührt ja schon aus dem Altertume her[3]. Von der Scholastik war er ziemlich unverändert durch das ganze Mittelalter hindurch fortgepflanzt worden[4]. Zu grösserer Bedeutung gelangte sodann dieser Begriff und mit ihm auch der des Naturzustandes in den auf naturalistischer Basis ruhenden staatsrechtlichen Theorien eines Grotius[5], Hobbes[6], Pufendorf[7], Locke und eines Montesquieu[8], deren Werke Rousseau gründlich studiert hatte.

---

[1] Tom. V, 296. — Dass hier kein wirklicher Widerspruch mit den Prinzipien des Émile (wie Hauber, a. a. O. meint) vorliegt, sondern nur ein scheinbarer, ist von Borgeaud, a. a. O. 108ff., gezeigt worden.

[2] Erdmann, Grundriss der Geschichte der Philosophie. 4. Aufl. 2. Bd. p. 241.

[3] Wundt, Ethik. 2. Aufl. 1892. p. 203.

[4] Überweg-Heinze, a. a. O. III,[1]; 56.

[5] Grotius lernte Rousseau bereits aus der Bibliothek seines Vaters kennen (Tom. IX, 449; 470).

[6] Tom. IX, 450.

[7] Mit Pufendorf wurde er während seines Aufenthaltes bei Madame de Warens bekannt, in deren Bibliothek Pufendorf sich vorfand. Cf. Confess., p. I, 1. III; Tom. I, 174.

[8] Tom. IX, 450; 473. — Sein „Esprit des lois" und Rousseaus „Contrat social" sind die beiden bedeutendsten politischen Werke des 18. Jahrh.

Ihr Einfluss auf seine Ideen steht ausser Zweifel. Von ihnen nahm und verwertete er im allgemeinen alle Gedanken, welche sich mit seiner Naturanschauung, besonders mit den daraus abgeleiteten bei ihm herrschenden Gesichtspunkten der Freiheit und Gleichheit in Einklang bringen liessen [1]). Wiederholt erwähnt er diese Vorgänger auch mit Namen. Hierbei zeigt sich jedoch, dass er sie gerade da namhaft macht, wo er sich in Widerspruch mit ihnen befindet [2]), während er jene Stellen, welche er ihnen entlehnt, oder an welchen er sich in Übereinstimmung mit ihnen befindet, mit Stillschweigen übergeht [3]).

Zu den Vorgängern, deren Studium Rousseau seine im „Contrat social" niedergelegten sozialen Anschauungen zum grössten Teile verdankt, gehört ausser den genannten Macchiavelli [4]) und, wie seine Vorliebe für die Staaten des Altertums erwarten lässt, auch Plato [5]) und Aristoteles [6]).

Unter seinen Zeitgenossen, welche fast ausnahmslos ein reges Interesse der Lösung staatswissenschaftlicher Probleme zuwandten, hat in dieser Beziehung Voltaire den grössten Einfluss auf ihn ausgeübt [7]).

Von besonderer Bedeutung für die Gestaltung seines Ideals waren schliesslich die politischen und sozialen Verhältnisse seiner Vaterstadt Genf [8]).

---

[1]) Vergleiche hierzu Überweg-Heinze, a. a. O. III¹, pp. 59; 72f; 190; 215. — Die Hauptzüge seiner Staatslehre zeigen eine nahe Verwandtschaft mit der Lockeschen Abhandlung: „Über die Staatsregierung". — Sein Verhältnis zu Hobbes setzt K. Fischer (Fr. Baco v. Verulam. Die Realphilosophie und ihr Zeitalter. Leipzig 1856; p. 404ff.) klar auseinander. — Hinsichtlich seiner Vorstellung des Naturzustandes ist Rousseau insofern über die Anschauungsweise seiner Vorgänger hinausgegangen, als er ihn zur Voraussetzung des gesellschaftlichen Lebens überhaupt macht, während er bis dahin nur als Voraussetzung des Staates gegolten hatte. (Brockerhoff. J. J. Rousseau. Neue Plut. V, 1877. p. 157.)

[2]) Cf. Grotius, Tom. V, 112f; 116; 123; 287; Hobbes, Tom. V, 112f; 287; Mont., Tom. V, 158; 196; 253.

[3]) Die nämliche Eigentümlichkeit lässt sich auch bezüglich seiner pädagogischen Gedanken beobachten.

[4]) Cf. Tom. V, 143; 162; 203; 200.

[5]) Cf. Tom. V, 157; 163.

[6]) Cf. Tom. V, 113; 200. — „Rousseaus Staatsideal ist offenbar die spartanische Republik, in welcher die Tugend und Freiheit durch die Gleichheit, und die Gleichheit durch die Armut gesichert schien". (Paulsen, Geschichte des gel. Unterrichts etc. III. Halbbd. 1896; II, 6.)

[7]) Einen schönen Vergleich beider hinsichtlich ihrer sozialen Bedeutung hat J. Bona-Meyer, a. a. O., angestellt. — Eingehend behandelt M. Liepmann die Vorgänger Rousseaus in der soeben erschienenen Schrift: Die Rechtsphilosophie des Jean Jacques Rousseau. Ein Beitrag zur Geschichte der Staatstheorien. Berlin 1898.

[8]) Hettner, a. a. O., II, 432. 4. Aufl. 1881. — Brockerhoff, a. a. O., II, 433: „Seine Vaterstadt gab in scharfen Umrissen die charakteristischen Züge des Ideals, welches Rousseau fortan für das

Damit hätten wir die geschichtliche Bedingtheit des Rousseauschen Gesellschaftsideals in groben Zügen angedeutet. An dem Ideale selbst Kritik zu üben[1]), dürfte heute, wo dasselbe nur noch historische Bedeutung besitzt — zumal für unsere Aufgabe — zwecklos sein.

III.

Aufstellung der aus Rousseaus Gesellschaftsideal sich ergebenden pädagogischen Folgerungen.

Ehe wir nun beginnen, den Einfluss des Gesellschaftsprinzips auf Rousseaus Pädagogik aufzusuchen, wird es zweckmässig sein, auf Grund obiger Darstellung zuvor jene Gesichtspunkte hervorzuheben, vermittels welcher wir diese Aufgabe zu lösen gedenken[2]). Stellen wir also in Kürze fest, welche allgemeineren pädagogischen Rücksichten und Forderungen sich aus jenem Ideale ableiten lassen und in welchem Verhältnisse dieselben zu den aus dem Naturprinzip sich ergebenden Konsequenzen stehen.

Stellte das Naturprinzip der Pädagogik die Hauptaufgabe, aus dem Kinde einen „Menschen" zu bilden, so verlangt das Gesellschaftsprinzip, dass die Erziehung in ihrem Zöglinge einen „Bürger" heranbilde[3]).

In dieser allgemeinen Zielbestimmung sind fast alle Einzelforderungen beider Prinzipe eingeschlossen. So ergeben sich unter Bezugnahme auf das Naturprinzip für das Gesellschaftsprinzip daraus folgende Konsequenzen:

1) Soll die Erziehung jener Grundforderung des Naturprinzips gemäss das Kind zu einem Menschen entwickeln, so muss — wie dies in der Rousseauschen Pädagogik in der That der Fall war

---

staatliche und gesellschaftliche Leben beständig vorschwebte". — Cf. auch seine Widmung à la république de Genève. Tom. IV, 203 ff.

[1]) Dies geschieht von Krömer, a. a. O. p. 12 ff. — Als Grundwahrheit seiner Lehre bezeichnet er den Hauptgrundsatz: „Der Mensch ist frei". Alsdann unterzieht er das Recht, den Vertrag, das höchste Gut, die Freiheit, schliesslich den Staat nach Rousseaus Ideal einer Kritik und ergänzt die negativen Seiten jener Begriffe durch positive Aufstellungen. — Cf. auch Franz Haymann, J. J. Rousseaus Sozialphilosophie. Leipzig 1898. p. 337 ff.

[2]) Über die Gründe dieses Verfahrens siehe oben p. 54 f.

[3]) Diese doppelte Seite an seinem Erziehungsziele finden wir bei Lambert (Studien zu J. J. Rousseaus Emil. Progr. Realgymnasium der Franckeschen Stiftungen. Halle 1893; p. 6) gut auseinander gehalten.

— ihr Hauptaugenmerk darauf gerichtet sein, die menschliche Natur desselben, d. h. die in ihm liegenden Anlagen und Kräfte zu ungestörter, allseitiger Entwicklung zu bringen, ein harmonisches Ganzes aus ihm zu machen [1]). Während von diesem Gesichtspunkte aus demnach das Kind als eine abgeschlossene, in sich abgerundete Einheit, als Individuum [2]), zu betrachten war, ist es vom Standpunkte des Gesellschaftsprinzips aus als Bruchteil eines Ganzen, als Glied einer Gattung anzusehen. Waren dementsprechend bei der Naturerziehung lediglich individuelle Rücksichten [3]) massgebend, und kam es dabei besonders auf die Befriedigung der sich jeweilig einstellenden Bedürfnisse der Natur an, so wird es eine konsequente Forderung des Gesellschaftsprinzips sein, das Kind als soziales Wesen aufzufassen und auf seine Einführung in die menschliche Gesellschaft bedacht zu sein.

Mit dieser allgemeineren Tendenz stehen nun die folgenden in nahem Zusammenhange.

2) Vom Naturstandpunkte aus, auf welchem das Kind als absolutes, als nur für sich bestehendes Wesen angesehen wurde, musste die Pädagogik das Bestreben zeigen, das Kind in vollster Freiheit und Unabhängigkeit zu erziehen und deshalb von äusseren Einwirkungen möglichst abzuschliessen [4]). Im Gegensatze hierzu wird eine Pädagogik, welche das Kind als soziales, als abhängiges, relatives Wesen auffasst, an Stelle jener absoluten Freiheit eine beschränkte, an Stelle völliger Unabhängigkeit eine, wenn auch geringe, so doch immerhin fühlbare Abhängigkeit zu setzen haben. Fielen bei der die denkbar grösste Freiheit atmenden Naturerziehung Gebote und Pflichten prinzipiell hinweg, so werden sie hier eine wichtige Rolle spielen.

3) Was sodann die Schärfung des Urteils, die Entwicklung der Vernunft, die Aneignung von Kenntnissen und Fertigkeiten anlangt, so beschränkte sich die Rousseausche Naturpädagogik auf ein überaus bescheidenes Mass. Es galt ja den Geist des Kindes nur insoweit auszubilden, als es die arg unterschätzten Bedürfnisse seiner Natur notwendig erscheinen liessen [5]). Nach seinem Gesellschaftsideale soll nun aber ein jeder Bürger Anteil an der Regierung und Gesetzgebung nehmen und Rechte und Pflichten mit der Gesamtheit teilen. Für die Pädagogik erwächst hieraus die Aufgabe, den Zögling mit den hierfür erforderlichen Einsichten und Kennt-

---

[1]) Siehe oben p. 79 ff.
[2]) „Die Natur als solche betont das Individuum so, dass sich dasselbe zum Mittelpunkte des Daseins macht und eben deshalb in seinem Verhältnis zu anderen Individuen nicht diese, sondern sich im Auge hat." (Brockerhoff, a. a. O. I, 300.) — Cf. Willmann, a. a. O. I, 345.
[3]) Lambert, J. J. Rousseaus Emil. Progr. der Franckeschen Stiftungen. Halle 1893; p. 10.
[4]) Siehe oben p. 58 ff.
[5]) Siehe oben p. 66 ff.

nissen, Interessen und Fähigkeiten genügend auszurüsten. Dass es hierzu einer ungleich tieferen und umfassenderen Bildung der Intelligenz bedarf, als durch das Naturprinzip gefordert wurde, liegt auf der Hand.

4) Hatte ferner die Naturerziehung, weil sie das Kind nur als für sich bestehendes Einzelwesen ansah, keine Veranlassung, die moralische Seite desselben zu nennenswerter Entfaltung zu bringen, so wird dies eine notwendige Aufgabe einer jeden und auch der Rousseauschen sozialen Erziehung sein[1]).

5) Schliesslich wird seine Pädagogik, falls sie allen Anforderungen seines eigenartigen Gesellschaftsprinzips Rechnung tragen will, auch die „bürgerliche Religion" zu begründen haben.

Wie sich aus diesen Gesichtspunkten bereits ersehen lässt, wird der Einfluss des Gesellschaftsprinzips auf seine Pädagogik im allgemeinen darin bestehen, dass durch dasselbe die oft extremen und einseitigen Forderungen des Naturprinzips teils korrigiert, teils ergänzt werden.

IV.

Nachweis der Geltendmachung des Rousseauschen Gesellschaftsideals in seiner Pädagogik.

Dass das Gesellschaftsideal, welches Rousseau vorschwebte, irgendwelchen Einfluss auf seine Pädagogik geltend machen wird, steht nach unserer Meinung von vornherein ausser Zweifel. Zwei Gesichtspunkte sind es namentlich, die uns gleich mit dieser Erwartung an seine Pädagogik herantreten lassen.

Einmal zeigte sich uns ja oben schon, dass seine Pädagogik in unmittelbarem Dienste seines centralen, auf Verbesserung der gesellschaftlichen Zustände gerichteten Problems stand; sodann aber lässt ein Blick auf seine pädagogischen Vorbilder eine Geltendmachung des Gesellschaftsprinzips in seiner Pädagogik fast als selbstverständlich, zum mindesten als wahrscheinlich erscheinen.

Wie bekannt, sind es besonders Rabelais, Montaigne und Locke, mit deren Ideen seine Pädagogik die meiste Verwandtschaft zeigt[2]). Bei ihnen spielen nun in bemerkenswerter Weise

---

[1]) Siehe oben p. 94. — „Die sittliche Integrität des Individuums, notwendig wie sie ist, genügt doch nicht für seine Stellung im sozialen Verbande." (Brockerhoff, a. a. O. I, 380.)

[2]) Rousseaus Abhängigkeit von Locke stand von jeher fest. Eine eingehende Vergleichung der Erziehungslehren beider hat Corwin, a. a. O., angestellt. Seine Untersuchung bestätigt die längst bekannte

Rücksichten auf die Gesellschaft in ihre Pädagogik hinein[1]). Bei dieser Sachlage ist wohl die Frage nichts weniger als berechtigt: Sollte Rousseau von diesen seinen Vorgängern, mit denen er in fast allen wesentlichen Punkten seiner Pädagogik übereinstimmt, nicht auch rücksichtlich des bei ihnen eine so wichtige Rolle spielenden Gesellschaftsprinzips beeinflusst worden sein? Die nachfolgende Prüfung seiner Pädagogik soll hierüber Aufschluss geben.

Nach ihrem allgemeinen Verhältnisse zum Gesellschaftsprinzip zerfällt die Pädagogik Rousseaus in zwei Hauptabschnitte; der erste umfasst den Zeitraum von der Geburt bis zum 15. Jahre, der zweite die Periode vom 15. Jahre, der „zweiten Geburt", bis zur Verheiratung des Émile. Der Einfluss, den nun unser Prinzip innerhalb dieser Zeitabschnitte äussert, ist ein merklich verschiedener.

Was zunächst den ersten grossen Zeitraum anlangt, so lässt sich beobachten, dass trotz der in ihm überwiegenden Herrschaft des Naturprinzips stets auch und zwar in fast peinlicher Weise die sozialen Verhältnisse in ihrer Bedeutung für die Pädagogik in Betracht gezogen und reiflich erwogen werden. Obwohl nun dies zwar meist in der Absicht geschieht, allen positiven Einfluss derselben in seiner Erziehung auszuschliessen, so muss doch anderseits zugestanden werden, dass Rousseau dadurch, dass er jenen Einwirkungen gegenüber eine abwehrende Stellung einnimmt, indirekt

---

Anschauung, dass Rousseau von Locke in tiefgehender Weise beeinflusst worden ist und sich ihm eng angeschlossen hat. (p. 114.) — Von Locke ging man einen Schritt weiter zurück und fand auch viel Verwandtschaft zwischen Rousseau und Montaigne. So zeigt Bauck (J. J. Rousseau und Montaigne Progr. Gymn. Gumb. 1885), dass das, was Rousseau mit Locke gemein hat, vor ihnen bereits Montaigne gesagt hat. (p. 3 ff.) — Zu dem nämlichen Resultate gelangt auch Herding (Ein Gang durch die Geschichte der Pädagogik von Montaigne bis Rousseau. Progr. Erlangen 1890). „Was Rousseau in seinem Émile vorträgt", heisst es dort. — wie allerdings schon bei G. Baur (Encyklopädie von Schmid. V, 782. Art.: Geschichte der Pädagogik) zu lesen ist — „sind grösstenteils nur weitere Ausführungen Montaignescher Predigten über Montaignesche Texte." (p. 13.) — Noch weiter greift Arnstädt zurück. (Fr. Rabelais. Gedanken über Erziehung und Unterricht aus seinem Garg. und Pant. in Richters pädagogischer Bibliothek IV, 2.). Indem er an der Hand gewisser Gesichtspunkte die pädagogischen Gedanken eines Rabelais, Montaigne, Locke und Rousseau vergleicht, findet er eine auffällige Verwandtschaft unter ihnen. Insbesondere zeigt er in Rousseaus Émile Stellen, welche den Ausführungen Rabelais so ähnlich sehen, dass man versucht sein könnte, zu glauben, Rousseau habe sie Rabelais entlehnt. Ohne aus Rousseaus Werken den Nachweis erbringen zu können, ist es nach allem höchst wahrscheinlich, dass Rousseau Rabelais gelesen hat. Sollte jedoch Rousseau nicht unmittelbar durch Rabelais' Schriften angeregt sein, so muss dies wenigstens mittelbar durch Montaigne und Locke geschehen sein (a. a. O. p. 88).

[1]) Arnstädt, Fr. Rabelais etc. p. 104 ff.

schon der Anbahnung besserer Zustände vorarbeitet. Zudem fehlt es auch nicht an Zügen, welche ihrer Herkunft nach direkt auf das von ihm angestrebte Ideal hinweisen. Wie aus dieser Lage der Sache zu ersehen ist, lässt sich also ein Einfluss des Gesellschaftsprinzips, wenn auch mehr indirekt und versteckt wahrnehmbar, schon in diesem ersten grossen Zeitraum in seiner Pädagogik beobachten[1]). Der negative Charakter, der die Rousseausche Pädagogik überhaupt kennzeichnet, kommt in Bezug auf das Gesellschaftsprinzip in dieser Periode in ganz besonderem Grade zum Ausdrucke.

Anders verhält sich der zweite Abschnitt seiner Pädagogik zum Gesellschaftsprinzip. Dieses tritt hier in viel grösserem Umfange und ungleich positiver in Kraft. Je deutlicher es sich fühlbar macht, desto mehr wird das Naturprinzip in den Hintergrund gedrängt.

Bevor wir uns nun der Einzelbetrachtung der oben festgestellten Konsequenzen des Gesellschaftsprinzips zuwenden, schicken wir zur weiteren Orientierung über die Stellung seiner Pädagogik zu diesem Ideale noch folgenden Abschnitt voraus.

Gleich am Anfange seiner Pädagogik, wo Rousseau seinen Standpunkt charakterisiert, kennzeichnet er seine Stellung zu Natur und Gesellschaft, zur natürlichen oder Naturerziehung und zur bürgerlichen, öffentlichen oder weltlichen Erziehung. In völliger Übereinstimmung mit den uns bekannten Anschauungen über Natur und Gesellschaft hören wir ihn da auseinandersetzen: „Der natürliche Mensch ist ein Ganzes für sich; er ist die numerische Einheit (unité numérique), das absolute Ganze (entier absolu), für welches keine anderen Beziehungen als zu sich selbst oder zu seinesgleichen existieren. Der bürgerliche Mensch ist nur eine Brucheinheit, die sich auf den Nenner bezieht (unité fractionnaire qui tient au dénominateur), und deren Wert in ihrem Verhältnis zum Ganzen, zum Staatskörper liegt[2])."

Obwohl Rousseau nach diesen Äusserungen dem „bürgerlichen Menschen" im Vergleich mit dem „natürlichen Menschen" eine geringere Bedeutung beimisst, hält er doch diese Unterscheidung als einen für die Erziehung wichtigen Gesichtspunkt in seiner Pädagogik aufrecht. Je nachdem nämlich die Erziehung einen

---

[1]) Man kann also nicht wie Lambert schlechthin sagen: „Rousseau teilt die gesamte Erziehung in zwei grosse Hauptabschnitte: in die Erziehung mit alleiniger Rücksicht auf den Zögling selbst, die Erziehung zum natürlichen Menschen, die er in den drei ersten Büchern behandelt — und in die Erziehung mit Rücksicht auf die Gesellschaft, zum bürgerlichen Menschen, welche die zwei letzten Bücher umfasst". (Studien zu J. J. Rousseaus Émile. Progr., Franckesche Stiftungen. Halle 1893; p. 10.)

[2]) Tom. VIII, 25.

natürlichen oder einen bürgerlichen Menschen sich zum Ziele setzt, trägt sie, wie Rousseau ausdrücklich hervorhebt, einen entsprechend anders gearteten Charakter. „In der sozialen Ordnung, bemerkt er, wo jeder seinen bestimmten Platz einnimmt, muss jeder für den seinen erzogen werden. Jemand, der den besonderen Platz, für den er gebildet ist, verlässt, ist zu nichts anderem geeignet. Die Erziehung gereicht nur insoweit zum Nutzen, als das Glück sich mit dem Berufe, den die Eltern wählen, vereinigen lässt; in allen anderen Fällen ist sie dem Zöglinge nachteilig, wäre es auch nur durch die Vorurteile, die sie ihm beigebracht hat[1].‟ Im Gegensatze hierzu heisst es in Bezug auf die Naturerziehung: „In der natürlichen Ordnung, wo alle Menschen einander gleich sind, ist ihr gemeinsamer Beruf, echte Menschen zu sein, und wer für diesen gut erzogen ist, kann diejenigen, die sich damit vereinigen lassen, nicht schlecht ausfüllen[2].‟

Bei dieser für Rousseau charakteristischen Gegenüberstellung und Unterscheidung der beiden Erziehungsweisen[3] kam es ihm vor allem darauf an, seiner Zeit zum Bewusstsein zu bringen, dass die Naturerziehung ein viel weiteres und darum viel wichtigeres Ziel verfolgt als die Erziehung für die soziale Ordnung. Dem in Rousseaus sonstigen Schriften wahrzunehmenden Widerspruche zwischen Natur und Kultur entspricht auf pädagogischem Gebiete somit die Gegenüberstellung des Natur- und Gesellschaftsprinzips.

War nun dies für Rousseaus Standpunkt schon bezeichnend, dass er die natürliche Erziehung und die Erziehung für die Gesellschaft überhaupt voneinander schied, dass er beide seiner allgemeinen Kulturtheorie entsprechend als wesentlich verschieden, ja geradezu als entgegengesetzt charakterisierte, so ist für seine Stellung zum Gesellschaftsprinzip ferner von massgebender Bedeutung, dass er eine sofortige Vereinigung desselben mit dem Naturprinzip infolge ihrer einander widersprechenden Tendenzen für unmöglich hält. Sind doch, wie er darlegt, „gerade die guten sozialen Einrichtungen diejenigen, die am meisten geeignet sind, die Natur des Menschen zu verändern, ihm seine unabhängige Existenz zu rauben, um ihm eine abhängige zu gewähren und das Ich in die allgemeine Einheit überzutragen, so dass jeder Einzelne sich nicht mehr für

---

[1] Tom. VIII, 29.
[2] Tom. VIII, 29 f. — Diese Äusserung kann leicht irre führen. Nach ihr hat es den Anschein, als ob die Naturerziehung eine anderweite Erziehung für die soziale Ordnung völlig überflüssig mache. Dass dies nicht Rousseaus Meinung sein kann, dass er vielmehr selbst, ohne es gern eingestehen zu wollen, die Erziehung, welche lediglich der Natur des Zöglings folgt, schliesslich für unzureichend findet, ihn für die Gesellschaft zu befähigen, wird sich bald zeigen. — Siehe auch oben p. 84.
[3] Locke kennt nicht die scharfe Unterscheidung zwischen dem natürlichen und bürgerlichen Menschen. (Lambert, Studien zu J. J. Rousseaus Émile. Halle 1893. Progr., Franckesche Stiftungen p. 7.)

eins, sondern für einen Teil der Einheit hält und nur im Ganzen zu empfinden vermag¹).“

Zu welchen Ergebnissen eine Erziehung führt, welche gleichzeitig den Anforderungen der Natur und der Gesellschaft gerecht zu werden sucht, zeigt Rousseau an folgender Stelle: „Durch die Natur und durch die Menschen nach entgegengesetzten Richtungen gezogen, genötigt, zu gleicher Zeit diesen verschiedenen Antrieben nachzugeben, schlagen wir (die übliche Erziehung) eine Mittelrichtung ein, die uns weder zu dem einen noch zu dem andern Ziele führt. Auf diese Weise .durch das ganze Leben hindurch im Kampfe und schwankend, beschliessen wir dasselbe, ohne mit uns selbst einig und ohne uns oder anderen nützlich geworden zu sein ²).“

So sehr hiernach Rousseau das Verfahren, welches beide Ziele gleichzeitig erreichen will, verurteilt, so würde man ihn doch falsch verstehen, wollte man daraus schliessen, dass er eine Vereinigung beider überhaupt nicht für möglich, noch für gut gehalten habe. In Wirklichkeit betrachtet Rousseau eine Verschmelzung beider Ziele nicht nur für ausführbar, sondern sogar für sehr wünschenswert. „Könnte man, sagt er, das doppelte Ziel, das man sich setzt, durch Aufhebung der Widersprüche des Menschen in ein einziges vereinigen, so würde man ein grosses Hindernis seines Glückes hinwegräumen³).“ In dem vorliegenden Falle, in welchem die gesellschaftliche Ordnung so schroffe Widersprüche mit den natürlichen Verhältnissen aufweist, wäre dies allerdings ein völlig verkehrtes Unternehmen. „Genötigt also, die Natur oder die sozialen Einrichtungen zu bekämpfen, muss man sich entscheiden, ob man einen Menschen oder einen Bürger bilden will; denn man kann nicht beides zu gleicher Zeit erreichen⁴).“

---

¹) Tom. VIII, 25. — Wer für die bürgerliche Gesellschaft erzogen werden soll und innerhalb derselben „den natürlichen Gefühlen den ersten Rang wahren will, weiss nicht, was er will. Unaufhörlich in Widerspruch mit sich selbst, immer schwankend zwischen seinen Meinungen und seinen Pflichten, wird er nie weder Mensch noch Bürger, wird er weder sich, noch anderen nützlich sein“. (Tom. VIII, 26.)
²) Tom. VIII, 28. — Aus demselben Grunde verwirft er die „gewöhnliche Welterziehung“. „Indem sie nämlich zwei entgegengesetzte Ziele zu erreichen strebt, verfehlt sie beide. Sie ist nur geeignet, Doppelwesen zu bilden, die alles auf andere zu beziehen scheinen und doch nur alles auf sich selbst beziehen.“ (Tom. VIII, 28.)
³) Tom. VIII, 28.
⁴) Tom. VIII, 24. — Auch diese Stelle hat zu Missverständnissen Anlass gegeben. Sie ist nicht so zu verstehen, als hätte die Erziehung nach Rousseau überhaupt nur eins dieser Ziele unter gänzlicher Ausserachtlassung des anderen sich zu wählen und zu verwirklichen. Das ist durchaus nicht der Sinn dieser Worte. Wie aus dem ganzen Zusammenhange hervorgeht und wie auch der Nachsatz andeutet, gilt es offenbar, beiden Zielen gerecht zu werden; es handelt sich — da unter den gegebenen Verhältnissen eine gleichzeitige Berücksichtigung beider unmöglich ist — nur darum, welches von beiden zuerst gewählt werden soll.

In welchem Sinne Rousseau diese Alternative entscheidet, kann keinem Zweifel unterliegen. Da er bemüht war, seinem Gesellschaftsideale eine möglichst naturgemässe Grundlage zu geben, die Widersprüche der gesellschaftlichen und natürlichen Ordnung thunlichst auszugleichen, so kann es nach der Lage der Verhältnisse nur als eine Konsequenz dieses Prinzips erkannt werden, wenn er vorderhand alle Ansprüche und Maximen der damals üblichen sozialen Erziehung abweist[1]) und die Forderungen der Naturerziehung allein in den Vordergrund treten lässt.

Aus diesem Zusammenhange ist zu ersehen, dass die Rousseausche Pädagogik durchaus nicht als eine von Haus aus gesellschaftsflüchtige Pädagogik zu betrachten ist[2]), sondern dass Rousseau die Ansprüche von seiten der sozialen Verhältnisse als berechtigt anerkennt und sich nur durch die widernatürlichen, haltlosen Zustände seiner Zeit gezwungen sieht, sie während der ersten Erziehungsperiode möglichst fern zu halten[3]). Um so weniger berechtigt ist jene Anschauung, als Rousseau seinen Zögling gerade durch die Naturerziehung ausgesprochenermassen am besten für jede gesellschaftliche Stellung fähig zu machen beabsichtigt[4]).

Dürfen wir nach alledem in dem sorgfältigen Fernhalten aller widernatürlichen, sozialen Einflüsse seiner Zeit ohne Zweifel schon Beziehungen zu seinem im Hintergrunde stehenden, auf natürlicher

---

[1]) Dass dies nicht radikal möglich war, leuchtet von selbst ein. Er war ja viel zu sehr an die Kulturmittel gebunden; so schon bezüglich der Sprache. (Cf. Lazarus, Das Leben der Seele. Berlin 1856. II, 252 ff.

[2]) „Und das soll Natur und eine gesellschaftsflüchtige Erziehung die naturgemässe sein!" ruft Hauber, a. a. O. 287, die tieferen Motive Rousseaus verkennend, aus. — Nach v. Raumer (Geschichte der Pädagogik II, 258; 2. Aufl. 1847) habe Rousseau einen Misanthropen erziehen wollen.

[3]) „Es war, bemerkt Brockerhoff (J. J. Rousseau im Neuen Plut. V, 1877 p. 199.) ganz richtig, wohl an der Zeit, die Menschen aus ihrer Zerstreuung zu sich zurückzuführen und nachdrücklich daran zu erinnern, dass der Schwerpunkt ihres Daseins nicht in der Aussenwelt, sondern im persönlichen Selbstbewusstsein zu suchen ist. Man vergesse auch nicht, dass die verschiedenen Formen, in welchen das gesamte Leben der Menschen sich bewegte (Familie, Staat, Kirche etc.), eines sie wahrhaft erfüllenden Inhaltes entbehrten und darum nicht geeignet waren, der Erziehung als Grundlage zu dienen." — Übrigens schloss ja auch diese Konzentration des Einzelnen, die ihre Berechtigung hat, an sich die soziale Gemeinschaft keineswegs aus.

[4]) Dies geht unzweideutig aus vielen Stellen hervor. So heisst es u. a.: „Er wird (durch die Naturerziehung) vor allem Mensch sein, alles, was ein Mensch sein soll, wird er, wo es gilt, sein, wie irgend einer, und wenn auch das Schicksal ihn nötigt, seine Stellung zu verändern, er wird überall an seinem Platze sein." (Tom. VIII, 30.) — Wie hier, so lässt sich durch seine ganze Pädagogik verfolgen, wie Rousseau die natürliche Erziehung mit Bewusstsein im Interesse seines Gesellschaftsideals empfiehlt und selbst verwirklicht.

Grundlage ruhenden Gesellschaftsprinzip erblicken, so wird sich der Einfluss des letzteren ungleich deutlicher beobachten lassen, wenn wir jetzt eine Prüfung seiner Pädagogik nach den oben gekennzeichneten Seiten vornehmen.

1) Wie sich aus der Gegenüberstellung der beiden Prinzipe ergab, stellte das Gesellschaftsprinzip an die Pädagogik zunächst die allgemeine Forderung, das Kind als soziales Wesen aufzufassen [1]). Obwohl diese Tendenz jener auf Isolierung abzielenden direkt entgegenläuft, wird sie doch von Rousseau jederzeit im Auge behalten. So begegnen wir ihr schon an jener Stelle, wo er auf die Pflichten des Vaters zu sprechen kommt. Bei dieser Gelegenheit stellt er die soziale Erziehung der Naturerziehung sogar als gleichwichtig gegenüber. Es heisst: „Ein Vater erfüllt, indem er Kinder zeugt und ernährt, nur den dritten Teil seiner Obliegenheiten. Er ist seinem Geschlechte Menschen, der menschlichen Gesellschaft gesellschaftliche Menschen, dem Staate Bürger schuldig. Jeder, der diese dreifache Schuld abzutragen vermag und es nicht thut, ist strafbar, und vielleicht strafbarer, wenn er sie zur Hälfte abträgt [2]).

Da es also nach Rousseau eine Pflicht der Erziehung ist, im Dienste der Gesellschaft und des Staates zu wirken, so dürfen wir uns nicht wundern, dass er sich bezüglich der Wahl seines Zöglings durch soziale Rücksichten mit bestimmen lässt. Ich würde mich, sagt er, niemals mit einem kränklichen und siechen Kinde befassen, sollte es auch 80 Jahre alt werden. Ich mag keinen Zögling haben, der sich und anderen [3]) immer unnütz bleiben wird, der allein mit

[1]) Unter diesem Gesichtspunkte wird die ganze Erziehung des Weibes betrachtet. Tom. IX, 236: „Toute l'éducation des femmes doit être relative aux hommes. Leur plaire, leur être utiles, se faire aimer et honorer d'eux, les elever jeunes, les soigner grands, les conseiller, les consoler, leur rendre la vie agréable et douce, voilà des devoirs des femmes dans tous les temps, et ce qu'on doit leur apprendre dès leur enfance. Tant qu'on ne remontera pas à ce principe, on s'ecartera du but, et tous les préceptes qu'on leur donnera ne serviront de rien pour leur bonheur ni pour le nôtre". — Obwohl nach diesen Äusserungen die gesamte Erziehung der Mädchen durch ihre „relative Lage" bestimmt wird, so liegen doch hierin kaum Beziehungen zu seinem Gesellschaftsideale vor. Die Eigenart des letzteren, nach welchem sich die Gesellschaft eigentlich nur aus vollkommen entwickelten Männern (Krömer, a. a. O. 21) zusammensetzt, spricht dagegen. — Ohne Zweifel lässt sich Rousseau hier, wie überhaupt meist in seinen Darlegungen der weiblichen Erziehung, mehr durch die sozialen Verhältnisse seiner Zeit als durch eine gründliche Kenntnis der weiblichen Natur oder durch sein Gesellschaftsideal bestimmen. — Besonders einflussreich war auf ihn Fénelons „traite de l'éducation des filles".

[2]) Tom. VIII, 48.

[3]) Diese doppelte Beziehung zeigt auch die Stelle: „l'éducation que le riche reçoit de son état est celle qui lui convient, le moins et pour lui-même et pour la société". (Tom. VIII, 56.)

seiner Erhaltung beschäftigt ist und dessen Körper die Erziehung der Seele beeinträchtigt. Was thäte ich, indem ich meine Sorgfalt vergeblich an ihn verschwendete, anderes, als dass ich der Gesellschaft den Verlust verdoppelte, ihr zwei Menschen statt eines entzöge [1])? Dass das Kind gleich von Geburt an ein soziales Wesen ist, weiss Rousseau wohl. Seine Betrachtungen über die Sprache [2]) und über die Thränen [3]) des Kindes, welche den ersten Verkehr mit der Umgebung vermitteln, lassen dies deutlich erkennen. Was die Thränen anlangt, so entsteht aus ihnen, wie Rousseau richtig bemerkt, „die erste Beziehung des Menschen zu allem, was ihn umgiebt. Hierdurch wird das erste Glied der langen Kette geschmiedet, aus welcher die gesellschaftliche Ordnung gebildet wird [4])."

So frühzeitig nun die Beziehungen des Menschen zur Gesellschaft hervortreten und von Rousseau auch erkannt werden, so widmet er ihnen doch erst eingehendere Aufmerksamkeit von dem Alter an, in welchem der Mensch nach ihm „in Wahrheit zu leben anfängt" [5]). Von diesem Zeitpunkte ab gewinnt der soziale Gesichtspunkt merklichen Einfluss auf seine Pädagogik. Galt bisher als wichtige Maxime: „Ziehe dich in dich selbst zurück!" [6]), so heisst es nun: „Émile ist nicht geschaffen, stets für sich allein zu leben; er soll ein Glied der Gesellschaft werden [7])", oder: „Man bedenke, dass man einen Menschen, den man zu einem Menschen der Natur bilden will, deswegen noch nicht zu einem Wilden zu machen und in die Tiefe der Wälder zu verbannen braucht, sondern dass es genügt, dafür zu sorgen, dass er mitten im Strudel des sozialen Lebens sich nicht in denselben hineinreissen lässt, weder durch die Leidenschaften, noch durch die Meinungen der Menschen [8])."

Nach dem Preise, den Rousseau der Naturerziehung spendet, sollte man erwarten, dass der naturgemäss Erzogene, da er „überall an seinem Platze sein soll", ohne weiteres zu einem thätigen Mitgliede der Gesellschaft tauglich sei. Dies ist jedoch nicht der Fall. Zwar sagt Rousseau: „Ich habe meinen Émile leben gelehrt", doch fügt er gleich einschränkend hinzu: „Ich habe ihn gelehrt,

---

[1]) Tom. VIII, 58 f.
[2]) Tom. VIII, 85 f.
[3]) und [4]) Tom. VIII, 87.
[5]) Tom. VIII, 464.
[6]) Tom. VIII, 123.
[7]) Tom. IX, 155.
[8]) Tom. VIII, 517 f. — Diese für die ganze Auffassung der Rousseauschen Pädagogik wichtigen Stellen sind selten genügend beachtet worden. — Es ist ein grosser Irrtum, wenn Hauber, a. a. O., und andere behaupten: „Rousseau steht in diesem Buche (Émile) auf demselben Boden wie in jener Epoche der Preisschriften. Sein Erziehungsideal ist eine Anwendung des gleichen Gesellschaftshasses und der gleichen Gesellschaftsflucht auf die Pädagogik; Émile wird nicht für, sondern wider die Gesellschaft erzogen".

nur mit sich selbst zu leben, und überdies habe ich ihn auch befähigt, sein Brot zu verdienen [1])." Angesichts der sozialen Ansprüche muss er indes in Bezug auf die Naturerziehung schliesslich gestehen: „Dies ist aber noch nicht genug. Um in der Welt zu leben, muss man mit Menschen umzugehen wissen, muss die Mittel kennen, durch welche man einen Einfluss auf sie gewinnen kann, muss die Wirkung und Gegenwirkung der besonderen Interessen in der bürgerlichen Gesellschaft berechnen und die Erfolge so sicher voraussehen, dass man in seinem Unternehmen nur selten getäuscht wird, oder doch wenigstens immer die am besten zum Ziele führenden Mittel zu wählen im stande ist [2])."

Hierin erblickt Rousseau eine unabweisbare Forderung; denn „kaum in die Welt getreten, sagt Rousseau, empfängt er (von der Welt) eine zweite, der ersten ganz entgegengesetzte Erziehung, durch die er das, was er früher hochschätzte, verachten, und was er früher verachtete, hochschätzen lernt [3])."

Aus alledem geht deutlich hervor, dass Rousseau die Naturerziehung, wie er sie bisher angestrebt, doch für unzureichend fand und die Notwendigkeit einsah, noch besondere Veranstaltungen zu treffen, um seinen Zögling zum Eintritt in die menschliche Gesellschaft zu befähigen. Bezeichnend für diesen Standpunkt ist sein Urteil über die gewöhnliche Erziehung, welche sich nach dieser Seite an den Zöglingen arg versündigte. „Wenn ich sehe, sagt er nämlich, wie man in dem Alter der grössten Lebhaftigkeit die jungen Leute auf rein spekulative Studien beschränkt und wie sie dann ohne die geringste Erfahrung mit einem Schlage in die Welt und in die Geschäfte geschleudert werden, so finde ich, dass man damit nicht minder einen Verstoss gegen die Vernunft als gegen die Natur begeht, und ich wundere mich nicht mehr, dass so wenig Leute sich zu benehmen wissen. Wie hat man nur auf den seltsamen Einfall kommen können, uns so viel unnütze Dinge zu lehren, während die Kunst zu handeln für nichts geachtet wird! Man behauptet, uns für die Gesellschaft heranzubilden, und unterrichtet uns doch, als ob jeder von uns sein Leben für sich allein mit Denken in seiner Klause verbringen oder höchstens mit Gleichgültigen über nichtige Dinge schwatzen sollte [4])."

Indem nun Rousseau bemüht ist, Massnahmen zu treffen, welche geeignet sind, den bisher als isoliertes Wesen behandelten Zögling für die sozialen Verhältnisse heranzubilden, fühlt er sehr wohl, dass er sich damit in Widersprüche mit den durch das Naturprinzip geforderten Maximen verwickelt. Es giebt, gesteht

---

[1]) und [2]) Tom. VIII, 505. — Noch deutlicher beweisen seine „Économie politique" (Tom. IV, 385 ff.) und „Considérations sur le gouvernement de Pologne" (Tom. V, 329 ff.), dass Rousseau ausser der „Erziehung zur Natur" auch eine Erziehung für die Gesellschaft fordert.
[3]) Tom. IX, 162. [4]) Tom. VIII, 505.

er, zwischen den Rechten der Natur und unseren gesellschaftlichen Gesetzen so viele Widersprüche, dass man, um sie auszugleichen, sich unaufhörlich drehen und wenden muss. Man muss viel Kunst anwenden, um zu verhindern, dass der soziale Mensch nicht ganz zu einem erkünstelten Wesen werde[1]).

Wie diese Stelle wichtig ist für das Verhältnis der Naturerziehung zur sozialen Erziehung, so zeigt sie zugleich, dass nicht der Mensch der Natur, sondern der soziale Mensch das letzte Ziel der Rousseauschen Pädagogik ist.

Diese Momente dürften genügen, um zunächst überhaupt zu beweisen, dass der Zögling gemäss dem Gesellschaftsprinzip thatsächlich auch als soziales Wesen von Rousseau aufgefasst und eine diesem Gesichtspunkte entsprechende Erziehung als notwendige Ergänzung der Naturerziehung von ihm erkannt und gefordert wird.

Welche besonderen Massnahmen er nun trifft und welche

---

[1]) Tom. IX, 132. — Hiernach sucht also Rousseau eine Versöhnung des Natur- und Gesellschafts(Kultur)prinzipes, eine Ausgleichung zwischen den Forderungen des individualistischen und sozialen Standpunktes anzustreben. Wenn er dabei noch nicht die richtige Verbindung fand, so lag dies in der Schwierigkeit des Problems wie auch in den Zeitverhältnissen begründet. — Eine endgültige befriedigende theoretische Lösung hat dieses Problem bis heute noch nicht gefunden. Es drehen sich, kann man wohl sagen, um diesen Angelpunkt, um die Vermittlung zwischen Individualismus und Sozialismus, vielmehr fast alle Erziehungsfragen der Gegenwart. (Cf. Siegemund. Die individuelle und soziale Aufgabe der Erziehung etc. Vortrag. Netzschkau 1896; p. 6 ff.) — Obwohl man hierbei den Ansichten der heutigen Sozialpädagogen darin beipflichten muss, dass die Aufgabe der Erziehung nur dann im ganzen Umfange gelöst werden kann, wenn die individuale und soziale Ansicht von vornherein verbunden wird, „wenn sich ein gemässigter Individualismus mit einem gesunden Sozialismus vereint," (cf. Hanschmann. Pädagogische Strömungen an der Wende des Jahrhunderts. Festschrift zum Pestalozzijahre 1896. Leipzig, Wunderlich. p. 36) so bleibt doch anderseits an der Rousseauschen Pädagogik das eine wahr, dass die Individualpädagogik für die Sozialpädagogik die Grundlage zu bilden hat. (Cf. Reins encyklopädisches Handbuch II, 63.) — Was die Durchführung anlangt, so muss man O. Leisner (Sturm und Drang in der Pädagogik am Ausgang des 19. Jahrhunderts. Leipzig. Fleischer 1897) recht geben, wenn er von der Gegenwart urteilt: „Wir haben wohl die Idee einer wahrhaft humanen, sozialen Erziehung erfasst, aber noch nicht durchgeführt." (p. 8.) — Cf. hierzu Hochegger, Über Individual- und Sozialpädagogik. Gotha 1891. — Rissmann, Individualismus und Sozialismus in der pädagogischen Entwickelung unseres Jahrhunderts. Gotha 1892. — Willmann, a. a. O. I, 41 ff. II, 318 ff. — Cf. ausserdem Döring, System der Pädagogik. Berlin 1894; p. 87 ff. — J. St. Mill, Gesammelte Werke. Übersetzt von Gomperz, I. Band, 77 ff. — Schreiter, Die Versöhnung von Natur und Kultur. Vortrag. Leipzig 1889. I, 41 ff. — Schnell, Natur und Kultur. Langensalza 1868. — Letzterer stellt das Kulturprinzip höher als das Naturprinzip (37). „Die erzieherische Kultur, sagt er, muss in der Natur ihre Basis und in der Kultur ihre Spitze, ihr höchstes Prinzip und Ziel haben." (p. 29.)

neuen Forderungen er erhebt, um dem Zöglinge als sozialem Wesen gerecht zu werden, sollen die folgenden Abschnitte zeigen.

2) Im Gegensatze zu der aus seinem Naturprinzip resultierenden Tendenz nach Freiheit und Unabhängigkeit erkannten wir oben als eine weitere Forderung des Gesellschaftsprinzips die, den Zögling für jene Abhängigkeit zu erziehen, in die er sich nach seiner relativen Lage innerhalb der Gesellschaft dereinst versetzt fühlt, die durch das Naturprinzip verlangte Freiheit also durch Gebote und Pflichten entsprechend zu beschränken.

Prüfen wir seine Pädagogik in Bezug auf diese Forderung, so stossen wir bald auf einen wichtigen, den Sinn eben bezeichneter Maxime vollständig treffenden Grundsatz. Er lautet: „Den Kindern ist nur eine Wissenschaft zu lehren: die Wissenschaft von den Pflichten des Menschen [1]." Wie meint dies Rousseau?

Zunächst soll Émile wissen, „dass seine ersten Pflichten die Pflichten gegen sich selbst sind, dass junge Leute Misstrauen in sich setzen müssen, dass ihnen Vorsicht in ihrem Benehmen, Ehrerbietung gegen Ältere, Zurückhaltung und Bescheidenheit geziemt, um nichts ohne Veranlassung zu reden, dass sie nachgiebig in gleichgiltigen Dingen, aber beherzt im Gutesthun, und wenn es gilt, die Wahrheit zu sagen, mutig sein müssen [2]."

Zu diesen Pflichten gesellen sich alsdann die gesellschaftlichen. Dass Rousseau seinen Zögling auch damit vertraut machen und zur Erfüllung derselben befähigen will, bezeugt die Forderung: „Als Glied der Gesellschaft muss er auch die Pflichten gegen dieselbe erfüllen [3]!" Nichts kann ihn davon befreien; denn „es ist nicht billig, sagt Rousseau, dass das, was ein Mensch für die Gesellschaft gethan hat, einen anderen von dem entbinde, was er ihr schuldig ist; denn da jeder sich ihr ganz schuldig ist, so kann er nur für sich bezahlen, und kein Vater kann seinem Sohne das Recht übertragen, ein unnützes Glied der Gesellschaft zu sein [4]."

Beweist diese Stelle schon, dass es prinzipielle Rücksichten auf die Gesellschaft sind, welche Rousseau bei der Aufstellung obiger Forderungen leiten, so tritt dies noch klarer hervor, wenn wir ihn auseinandersetzen hören: „Der ausserhalb der Gesellschaft lebende, isolierte Mensch ist gegen niemand zu etwas verpflichtet und hat das Recht, ganz nach seinem Belieben zu leben; aber innerhalb der Gesellschaft, wo er notwendigerweise auf Kosten der anderen lebt, ist er diesen für seinen Unterhalt Ersatz durch Arbeit schuldig, und zwar ohne Ausnahme. Arbeiten ist demnach

---

[1] Tom. VIII, 54. Man vergleiche hiermit jene durch das Naturprinzip bedingte Maxime, „alles, was Pflicht heisst, von den Kindern fern zu halten". (VIII, 201). —
[2] Tom. VIII, 506.
[3] und [4] Tom. VIII, 384.

eine unerlässliche Pflicht jedes in der Gesellschaft lebenden Menschen [1]."

Da nun Émile ein Glied der Gesellschaft werden soll, sucht ihn Rousseau zur Arbeit zu erziehen. Er soll nicht nur alle menschlichen Arbeiten, alle Künste und Gewerbe [2]) nach ihrer wahren Bedeutung kennen und schätzen lernen, sondern er soll auch, um seinen Pflichten der Gesellschaft gegenüber dereinst zu genügen, selbst ein Handwerk lernen [3]).

Verwarf Rousseau vom Naturstandpunkte aus Autorität und Räsonnieren, so gelangen beide Erziehungsmittel zu ihrem Rechte, sobald der soziale Gesichtspunkt zur Geltung kommt. Bis dahin waren seinem Zöglinge, wie er selbst sagt, „Autorität und das Gebot der Pflicht unbekannt; man musste ihn durch Zwang oder durch Täuschung zum Gehorsam bringen [4])." Jetzt hingegen sucht er seine Autorität fest zu begründen [5]). Bei dem Vertrage, den er dabei mit seinem Zöglinge schliesst, macht er ihn nachdrücklich auf seine Verpflichtung aufmerksam und fordert von ihm: „Gehorche mir stets, ehe du Rechenschaft über meine Vorschriften verlangst; ich werde stets bereit sein, dir Rede zu stehen, sobald du im stande sein wirst, mich anzuhören, und ich werde mich nie scheuen, dich zum Richter zwischen dir und mir zu machen [6])."

Wie durch die eben angeführte Stelle bereits hindurchblickt, ist von diesem schon mehrfach charakterisierten Zeitpunkte ab auch das Räsonnieren gestattet. Wusste er dies früher nicht arg genug zu tadeln, so giebt er nun sogar Anleitung, wie es zu erfolgen habe. Als ein wichtiger Grundsatz gilt dabei: „Räsonniert niemals in trockener Weise mit der Jugend. Umkleidet die Vernunft mit einem Körper, wenn ihr wollt, dass die Jugend sie fassen soll [7])." Als weiteren beachtenswerten Grundsatz bezüglich des Räsonnements erwähnen wir schliesslich den: „Je grösser und beschwerlicher die Pflichten sind, desto offener und stärker müssen die Gründe sein, auf denen man sie erbaut [8])."

Wie aus diesen Zusammenstellungen zu ersehen ist, enthält die Rousseausche Pädagogik eine Anzahl von Winken und Ratschlägen, welche zu den durch das Naturprinzip geforderten Maximen in auffälligem, unvereinbarem Gegensatze stehen. Da sich dieselben nun unter die von uns aus seinem Gesellschaftsprinzip abgeleitete Forderung zwanglos zusammenfassen und von

---

[1] Tom. VIII, 384.
[2] Tom. VIII, 364; 360.
[3] Tom. VIII, 389: „Je veux absolument qu'Émile apprenne un métier".
[4] Tom. IX, 130 f.
[5] Tom. IX, 131; 153.
[6] Tom. IX, 153.
[7] Tom. IX, 145.
[8] Tom. IX, 299.

diesem Standpunkte aus leicht erklären lassen, so dürfen wir in ihnen Äusserungen dieses Prinzips erkennen.

Die Rousseausche Pädagogik zeigt demnach die Eigentümlichkeit, dass sie trotz der in ihr vorwaltenden durch das Naturprinzip bedingten Tendenz nach Freiheit doch auch Fingerzeige und Forderungen aufweist, welche die Freiheit des isolierten Individuums auf jenes Mass beschränken, das dem Menschen als sozialem Wesen entspricht.

3) Was sodann das Verhältnis des Gesellschaftsprinzips zur Entwicklung der Intelligenz anlangt, so stellte dieses Prinzip obiger Darlegung zufolge viel höhere Anforderungen an die Pädagogik als das Naturprinzip. Sehen wir jetzt zu, ob sich auch nach dieser Seite hin sein Einfluss beobachten lässt.

Wenn Rousseau den Unterricht in ein so spätes Alter verschiebt, so liegt dies zum Teil in dem Umstande begründet, dass er den Zögling bis dahin als absolutes, isoliertes Wesen betrachtet. Würde Émile nicht in der Einsamkeit erzogen, so würden die sozialen Rücksichten einen früheren Beginn des Unterrichts notwendig machen. „Diejenigen, sagt er, die man inmitten der Gesellschaft erzieht, müssen notwendig frühzeitiger Unterricht erhalten als diejenigen, die in der Einsamkeit erzogen werden[1]". Ebenso gesteht er an anderer Stelle: „Ich halte es für unmöglich, ein Kind im Schosse der Gesellschaft bis zum Alter von 12 Jahren zu leiten, ohne ihm einen Begriff von den Beziehungen des Menschen zum Menschen und von der Moralität der menschlichen Handlungen zu geben[2]).

Geht aus diesen Äusserungen hervor, dass, falls der Zögling innerhalb der Gesellschaft erzogen wird, die Ausbildung der Intelligenz notwendigerweise früher erfolgen muss, so spricht Rousseau, seine Massnahmen damit motivierend, an anderer Stelle deutlich aus, dass jene beschränkte Bildung, welche seinem Naturprinzip entsprach, für die Erziehung zur Gesellschaft nicht genüge, dass dazu vielmehr eine weiter- und tiefergehende Entwicklung der geistigen Vermögen erforderlich sei. Die Stelle lautet: „Allein es ist hier (bei seinem Erziehungsversuche) nicht die Rede von einem Wilden. Wenn man einen Menschen unter seinesgleichen und für die Gesellschaft erzieht, so ist es unmöglich, ja es ist nicht einmal ratsam, ihn immer in dieser heilsamen Unwissenheit (wie sie das Naturprinzip forderte) zu erhalten;[3]) nichts ist so schlimm für die Weisheit, als halb unterrichtet zu sein[4])." ·Galt von seinem Émile, so lange er nur auf sein Ich eingeschränkt war: „Gegen

---
[1]) Tom. VIII, 175.
[2]) Tom. VIII, 156.
[3]) Tom. VIII, 518: „Le même homme qui doit rester stupide dans les forêts doit devenir raisonnable et sensé dans les villes."
[4]) Tom. IX, 168 f.

alles, ausser gegen sich selbst, gleichgültig, nimmt er an niemand Interesse"[1]), so heisst es, sobald er als soziales Wesen aufgefasst wird: „Alles ist wichtig für uns, seitdem wir von allem abhängen, und unsere Wissbegierde wächst mit unseren Bedürfnissen[2])." Führen wir uns nun jene Forderungen vor, welche Rousseau vom Gesellschaftsprinzipe aus an die Entwicklung der Intelligenz stellt.

Was zunächst die „politischen Kenntnisse" des Kindes[3]) betrifft, so fordert er: „Sie sollen klar und auf weniges beschränkt sein; es soll von der Regierung im allgemeinen nur das wissen, was sich auf das Eigentumsrecht bezieht[4])." In Bezug auf den „Verkehr der Künste", auf den „Handelsverkehr" und auf den „Verkehr der Banken" sind ihnen ebenfalls klare Begriffe beizubringen[5]). Sodann hält Rousseau für nötig, dass sie „ihre gegenseitigen Bedürfnisse kennen lernen, damit jeder weiss, was andere Brauchbares für ihn haben und was er dagegen ihnen zu bieten imstande ist[6])."

Das Gesellschaftsprinzip fordert namentlich aber auch, dass der Zögling weiss, „welche Stellung er unter den Menschen einnehmen und welche Art von Hindernissen er voraussichtlich zu überwinden haben wird, um diejenige, die er einnehmen möchte, zu erlangen[7])." „Um ihn bei dieser Untersuchung zu leiten, schlägt er vor, muss man, nachdem man ihn die Menschen nach den der ganzen Gattung gemeinsamen Eigenschaften kennen gelehrt hat, ihn auch mit den unter ihnen herrschenden Verschiedenheiten bekannt machen[8])." Hierbei sieht man sich genötigt, „auf die Grösse der natürlichen und bürgerlichen Ungleichheit unter den Menschen einzugehen" und ihm „das ganze Gemälde der sozialen Ordnung" zu entrollen;[9]) denn „man muss die Gesellschaft durch die Menschen und die Menschen durch die Gesellschaft studieren[10])."

Eine andere wichtige Forderung des Gesellschaftsprinzips ist, dass das Urteilsvermögen möglichst scharf entwickelt werde. Rousseau sagt: „Da er inmitten so vieler neuer Verhältnisse, von denen er abhängen wird, er mag wollen oder nicht, wird urteilen müssen,

---

[1]) Tom. VIII, 442.
[2]) Tom. VIII, 407.
[3]) Wieviel er in dieser Beziehung vom Jüngling fordert, siehe p. 116 ff.
[4]) Tom. VIII, 369.
[5]) Tom. VIII, 368.
[6]) Tom. VIII, 377; — Tom. VIII, 378. Rousseau meint: „Ainsi se forment peu à peu dans l'esprit d'un enfant les idées des relations sociales, même avant qu'il puisse être réellement membre actif de la société." (Tom. VIII, 378.)
[7]) Tom. VIII, 472.
[8]) Tom. VIII, 472.
[9]) Tom. VIII, 472.
[10]) Tom. VIII, 473.

8*

so sei es auch unser Bestreben, ihn richtig urteilen zu lehren[1]).“ Dazu bedarf es nach ihm vor allem einer gründlichen Kenntnis des menschlichen Herzens, und zwar des Herzens in seiner wirklichen Beschaffenheit; denn „wenn es dabei nur darauf ankäme, Jünglingen den Menschen in seiner Maske zu zeigen, so würde man das Zeigen gar nicht nötig haben; sie würden immer noch mehr als zu viel von ihm sehen; allein, da die Maske nicht der Mensch selbst ist, und da sein Firnis sie nicht täuschen darf, so malt ihm die Menschen, wenn ihr sie einmal malt, wie sie sind, nicht damit er sie hasse, sondern damit er sie bedaure und nicht ihnen gleichen wolle[2]).“

Das beste Verständnis des menschlichen Herzens glaubt nun Rousseau seinem Zöglinge dadurch zu vermitteln, dass er ihm die Menschen zunächst „von ferne" zeigt[3]) (in der Geschichte nämlich) und ihm dabei ein lebhaftes Interesse einflösst, sie kennen zu lernen[4]). Bietet die Geschichte Gelegenheit, die Menschen besonders nach ihren Leidenschaften zu studieren, so gilt es ferner, sie nach ihren Sitten im Leben selbst kennen zu lernen[5]). Zu diesem Zwecke muss Émile in die Welt eingeführt werden. Dabei, meint Rousseau, „wird er oft in die Lage kommen, darüber nachzudenken, was dem menschlichen Herzen schmeichelt oder was ihm zuwider ist. So philosophiert er also über die Prinzipien des Geschmacks[6]).“

Damit sind jedoch die Forderungen des Gesellschaftsprinzips noch nicht erschöpft. Rousseau fühlt sehr wohl, dass durch die bisherigen Unterweisungen und Massnahmen sein Zögling noch

---

[1]) Tom. VIII, 407; 371: „L'art du maître est de ne laisser jamais appesantir ses observations sur des minuties qui ne tiennent à rien, mais de le rapprocher sans cesse de grandes relations qu'il doit connaître un jour pour bien juger du bon et du mauvais ordre de la société civile.“ — Um diesen richtigen methodischen Rat zu veranschaulichen, begiebt sich Rousseau mit seinem Émile in ein reiches Haus zu Tisch und zeigt, wie das daselbst veranstaltete grosse Gastmahl vielseitigen Stoff zur Anregung der Urteilskraft und Belehrung bietet. Cf. Tom. VIII, 371. — Gefordert wird eine gründliche Ausbildung des Urteilsvermögens auch, damit der Zögling sein eigenes Schicksal richtig zu beurteilen verstehe. (Tom. VIII, 474.)

[2]) Tom. VIII, 474; 475: „Qu'il sache que l'homme est naturellement bon, qu'il le sente, qu'il juge de son prochain par lui-même; mais qu'il voie comment la société déprave et perverdit les hommes; qu'il trouve dans leurs préjugés la source de tous leurs vices“.

[3]) Tom. VIII, 476f.

[4]) Davon erwartet Rousseau folgenden Vorteil: „Il n'est pas possible que, prenant tant d'intérêt à ses semblables, il n'apprenne de bonne heure à peser, apprécier leurs actions, leurs goûts, leurs plaisirs, et à donner en général une plus juste valeur à ce qui peut contribuer ou nuire au bonheur des hommes, que ceux qui, ne s'intéressant à personne, ne font jamais rien pour autrui“. (Tom. VIII, 512.)

[5]) Tom. IX, 182.

[6]) Tom. IX, 183.

keineswegs „die Kunst besitzt, die dem Bürger am nötigsten ist, nämlich die, mit anderen Menschen zu leben"[1], und zwar seinem Ideale gemäss. Darum erhebt er, bevor er zu seiner Verheiratung schreitet, berechtigter Weise die Fragen: „Du möchtest Gatte und Vater werden: Hast du auch über die Pflichten nachgedacht, die dir dann obliegen? Indem du Familienhaupt wirst, wirst du auch ein Glied des Staates. Was heisst das, ein Staatsglied sein? Weisst du es? Du hast deine Pflichten als Mensch studiert, kennst du aber auch die des Bürgers? Weisst du, was Regierung, Gesetz, Vaterland ist? Weisst du, um welchen Preis du leben darfst und für wen du sterben musst?"[2]

Auf alle diese Fragen giebt Rousseau selbst die richtige Antwort: „Du glaubst alles gelernt zu haben und weisst noch nichts[3]." Daher die neue Forderung: „Ehe du eine Stelle in der bürgerlichen Ordnung einnimmst, lerne sie erst kennen und beurteilen, welcher Rang dir in derselben entspricht[4]."

Hierzu sollen die Reisen dienen, die Rousseau jetzt mit seinem Émile „durch einige der grösseren und viele der kleineren Staaten Europas[5]" unternimmt, und worauf er fast zwei Jahre verwendet. Sein Hauptbestreben ist dabei darauf gerichtet, ihm „ein fühlbares Interesse zu verleihen, sich selbst zu unterrichten, besonders um sich nach seinen gesellschaftlichen Beziehungen zu seinen Mitbürgern kennen zu lernen[6]." „Er muss also zunächst das Wesen der Regierung im allgemeinen, dann die verschiedenen Regierungsformen und endlich die besondere Regierung studieren, unter der er geboren wurde, um zu wissen, ob sie ihm so entspricht, dass er unter ihr leben kann[7]."

Damit die Reisen diesen Zweck erfüllen, findet es Rousseau für nötig, bestimmte Gesichtspunkte aufzustellen, auf welche sich die Beobachtung erstrecken soll. „Ehe man beobachtet, sagt er, muss man Regeln für seine Beobachtungen feststellen. Man muss sich einen Massstab machen, um alle Messungen auf denselben Grund zurückzuführen. Unsere Grundsätze des politischen Rechts bilden diesen Massstab. Das zu Messende sind die politischen Gesetze eines Landes[8]." Rousseau führt alsdann die verschiedenen Punkte im einzelnen an, auf welche das Augenmerk zu richten ist[9], und meint schliesslich: „An dem Faden dieser Untersuchungen werden wir zur Kenntnis der Pflichten und Rechte der Bürger gelangen und lernen: ob man die einen von den anderen trennen

---

[1] Tom. IX, 157.
[2] Tom. IX, 427.
[3] und [4] Tom. IX, 427.
[5] Tom. IX, 480.
[6] und [7] Tom. IX, 444.
[8] Tom. IX, 451.
[9] Tom. IX, 452 ff.

kann, was das Vaterland ist, worin es eigentlich besteht, und woran ein jeder erkennen kann, ob er ein Vaterland hat oder nicht[1]). Wenn der Zögling so jede Art der bürgerlichen Gesellschaft an sich kennen gelernt hat, soll er sie hierauf unter einander vergleichen. Dadurch bietet sich, wie er darlegt, Gelegenheit, „ihre verschiedenen Beziehungen zu beobachten: wie die einen gross, die anderen klein, die einen stark, die anderen schwach sind; wie sie einander angreifen, beleidigen, zerstören, und wie sie bei dieser beständigen Wirkung und Gegenwirkung mehr Elend hervorrufen und mehr Menschen das Leben kosten, als wenn sie alle ihre ursprüngliche Freiheit bewahrt hätten. Wir werden untersuchen, ob man nicht zu viel oder zu wenig in der gesellschaftlichen Einrichtung gethan hat; ob nicht, während die Gesellschaften unter sich die Unabhängigkeit der Natur bewahren, die den Gesetzen und den Menschen unterworfenen Individuen den Übeln beider Zustände ausgesetzt bleiben, ohne deren Vorteil zu geniessen; und ob es nicht besser wäre, wenn es gar keine bürgerliche Gesellschaft in der Welt gäbe, als dass es deren mehrere giebt[2])."

Wenn man von derartigen Plänen hört, so darf man sich auch nicht wundern, dass sich Rousseau einen überaus hohen Nutzen von diesen Reisen verspricht. „Ich weiss ganz gewiss, äussert er, dass Émile bei seiner Rückkehr von einer unter solchen Gesichtspunkten begonnenen und fortgesetzten Reise über alles unterrichtet sein wird, was sich auf Regierung, öffentliche Sitten und Staatsgrundsätze jeder Art bezieht, wir müssten denn entweder alles Verstandes oder alles Urteils beraubt sein[3])."

Überblicken wir jetzt noch einmal alle die Züge und Forderungen, die wir unter diesem Punkte anführten, so dürfen wir wohl behaupten, dass das Gesellschaftsprinzip in Bezug auf die Entwicklung der Intelligenz die in sehr engem Rahmen gehaltenen Forderungen des Naturprinzips in weitestgehender Weise ergänzt.

4) Nach den oben aus dem Gesellschaftsprinzip abgeleiteten Konsequenzen steht ferner zu erwarten, dass dasselbe auch in Bezug auf die Entfaltung der moralischen Seite seinen Einfluss geltend machen wird.

Um diesen zu erkennen, ist es nötig, sich zuvor zu vergegenwärtigen, in welchem Umfange diese Seite durch das Naturprinzip bereits entwickelt wurde.

Nach letzterem Prinzip konnte, da der Zögling als absolutes Wesen aufzufassen war, von einer nennenswerten moralischen Ausbildung kaum die Rede sein. Rousseau charakterisiert seinen Naturzögling folgendermassen: „Ihr findet bei ihm nur eine geringe

---

[1]) Tom. IX, 468.
[2]) Tom. IX, 468.
[3]) Tom. IX, 449.

Zahl moralischer Begriffe, die sich auf seine gegenwärtige Lage beziehen, aber keine, welche die relative Lage des Menschen überhaupt betreffen[1]), wozu sollen ihm dieselben auch nützen, da ja ein Kind kein Glied der menschlichen Gesellschaft ist[2])?" Wie Émile demnach hinsichtlich seiner moralischen Einsichten auf einen äusserst kleinen Kreis eingeschränkt bleibt, so bethätigt sich auch seine Moralität nur innerhalb eines sehr engen Gebietes. Nach einer Stelle hat es sogar den Anschein, als ob ihm Rousseau während jenes grossen Zeitraumes, in welchem das Naturprinzip streng befolgt wird, überhaupt alle Moralität abspräche. „Solange, sagt er nämlich, seine Empfindungen nur auf seine Person beschränkt bleiben, ist nichts Moralisches in seinen Handlungen; erst wenn dieselben anfangen, sich auch über sein Ich hinaus zu erstrecken, gewinnt er anfangs ein dunkles Gefühl und hierauf die Begriffe des Guten und Bösen, die ihn zu einem wahren Menschen und zu einem integrierenden Teile seiner Gattung machen[3])." Diese Äusserung erfährt indessen durch folgende ihre Richtigstellung: „Émile hat alle Tugenden, die sich auf ihn selbst beziehen. Er betrachtet sich ohne Rücksicht auf andere und findet es gut, dass auch andere sich nicht um ihn kümmern. Er steht allein da in der menschlichen Gesellschaft und rechnet auch nur auf sich allein[4])."

Eine derartige moralische Bildung, wie sie aus seinem Naturprinzip resultiert, kann wohl dem Standpunkte eines isolierten Wesens allenfalls entsprechen, nicht aber genügen, um den sozialen Ansprüchen gerecht zu werden. Dies erkennt Rousseau, deshalb ist es von dem Zeitpunkte ab, von welchem das Gesellschaftsprinzip grösseren Einfluss gewinnt, sein Bestreben, jene einseitige, moralische Ausbildung nach der angedeuteten Richtung zu ergänzen. Wie geschieht dies?

Wie aus dem Vorangehenden zu ersehen ist, handelt es sich dabei vor allem darum, dem Zöglinge noch die „gesellschaftlichen Tugenden" anzueignen[5]); das Gesellschaftsprinzip verlangte ja, dass ein jeder als Teil seiner Gattung „zum grösstmöglichen Wohle und Glücke aller beiträgt[6])." Um nun jene Tugenden in ihm entstehen zu lassen, bedarf es nach Rousseau in erster Linie grosser Sorgfalt hinsichtlich der Leitung der Leidenschaften. Die Erziehung muss zu verhindern suchen, dass sich die Selbstliebe, die an sich gut ist, in Eigenliebe verwandelt, weil aus letzterer, wie wir früher

---

[1]) Tom. VIII, 413: „Il connoît les rapports essentiels de l'homme aux choses, mais nul des rapports moraux de l'homme à l'homme".
[2]) Tom. VIII, 305.
[3]) Tom. VIII, 436.
[4]) Tom. VIII, 415.
[5]) Tom. VIII, 414.
[6]) Tom VIII, 513.

sahen, „alle gehässigen und den Zorn begünstigenden Leidenschaften entstehen ¹)."

Eine schwierige Aufgabe ist ihr damit gestellt; denn „in dem Masse, in welchem sich seine Beziehungen zu anderen, seine Bedürfnisse, seine aktive und passive Abhängigkeit vermehren, erwacht in ihm auch das Bewusstsein seines Verhältnisses zu anderen und erzeugt die Gefühle des Verpflichtetseins und des Ausgezeichnetwerdens ²). Alsdann wird das Kind befehlshaberisch, eifersüchtig, betrügerisch, rachsüchtig ³)."

Folgerichtig leitet Rousseau aus diesen Beobachtungen den Grundsatz ab: „Wenige Bedürfnisse haben und sich wenig mit anderen vergleichen, macht demnach den Menschen wirklich gut, viele Bedürfnisse haben und sich stets nach der Meinung anderer richten, macht ihn seinem Wesen nach schlecht ⁴)." Mit Hülfe dieses Grundsatzes, fügt er hinzu, lässt sich leicht erkennen, wie man allen Leidenschaften des Kindes und des Mannes die Richtung aufs Gute oder Böse geben kann ⁵).

Ein anderer Rat, wie der verhängnisvollen Eigenliebe zu begegnen sei, ist folgender: „Lasst uns unsere Eigenliebe auf andere Wesen ausdehnen. Dadurch werden wir sie in Tugend verwandeln, und es giebt kein Menschenherz, in welchem nicht die Keime dieser Tugend Wurzel geschlagen hätten. Je weniger der Gegenstand unserer Sorgen in unmittelbarer Beziehung zu uns selbst steht, desto weniger haben wir eine Täuschung durch das besondere Interesse zu befürchten; je mehr man dieses Interesse verallgemeinert, desto gerechter wird es, und unsere Liebe zur Menschheit ist nichts anderes als die Liebe zur Gerechtigkeit" ⁶). Dieser Anschauung entsprechend hat die Erziehung dafür zu sorgen, „dass der Zögling in seinen Geschäften nichts mit seinem Ich zu thun habe; denn je mehr seine Sorgen dem Glücke anderer gewidmet sind, um so verständiger und weiser werden sie sein, und um so weniger wird er sich täuschen über das, was gut und böse ist" ⁷).

Ein weiterer Faktor, welcher in Bezug auf die Leitung der Leidenschaften in der Rousseauschen Pädagogik eine wichtige Rolle spielt, ist die Einbildungskraft. Rousseau sagt im Hinblick auf sie: „Wäre euer Zögling isoliert — wie es sein Naturprinzip ver-

---

¹) Tom. VIII, 422.
²) Tom. VIII, 472: „Mon Émile n'ayant jusqu'à présent regardé que lui-même, le premier regard qu'il jette sur ses semblables le porte à se comparer avec eux; et le premier sentiment qu'existe en lui cette comparaison est de désirer la première place".
³) Tom. VIII, 422.
⁴) Tom. VIII, 422.
⁵) Tom. VIII, 422.
⁶) Tom. VIII, 512.
⁷) Tom. VIII, 512.

langte — so würdet ihr gar nichts zu thun haben"[1]). Da er aber als soziales Wesen inmitten der Gesellschaft zu leben hat[2]), so bedarf die Einbildungskraft gewissenhafter Leitung; denn „alles, was ihn umgiebt, entflammt seine Einbildungskraft. Die Verirrungen derselben verwandeln die Leidenschaften aller beschränkten Wesen, selbst der Engel, in Laster"[3]). Die Erziehung muss daher darauf bedacht sein, dass das Kind Meister seiner Einbildungskraft und dadurch auch Meister seiner Affekte werde[4]). Zu diesem Zwecke empfiehlt Rousseau: „Die erste Bethätigung seiner erwachenden Einbildungskraft ist, ihn zu belehren, dass es seinesgleichen giebt, die Gattung erregt früher sein Interesse als das Geschlecht. Dadurch wird es gelingen, seine Unschuld zu verlängern und die ersten Keime der Humanität in das Herz des Jünglings zu pflanzen"[5]).

Bedeutung gewinnt sodann die Einbildungskraft für die Entstehung des Mitleids. Da wir, wie er darlegt, nicht anders zum Mitleid bewegt werden als dadurch, dass wir uns aus uns selbst herausversetzen und uns mit dem leidenden Wesen identifizieren, dass wir gleichsam unser eigenes Sein aufgeben, um das seinige anzunehmen[6]), so muss die Erziehung die Einbildungskraft anregen, beleben, nähren, damit der Zögling sich aus sich selbst herauszuversetzen lernt. Hierzu sind ihm „Gegenstände darzubieten, auf welche die nach aussen strebende Kraft seines Herzens wirken könne, die es erweitern, die es auch anderen Wesen zuwenden, die da bewirken, dass er sich überall ausser sich selbst wiederfinde, sowie diejenigen sorgfältig von ihm fern zu halten, die das Herz verengern, es auf sich selbst konzentrieren"[7]). „Was können wir anders thun, fragt er deshalb, als in ihm die Güte, die Menschlichkeit, das Erbarmen, die Wohlthätigkeit und alle einnehmenden, sanften Leidenschaften zu erwecken und das Emporkeimen des Neides, der Habsucht, des Hasses und aller abstossenden und grausamen Leidenschaften zu verhindern?"[8])

---

[1]) Tom. VIII, 435.
[2]) Tom. VIII, 422 f.: „Il est vrai que, ne pouvant vivre toujours seuls, ils vivront difficilement toujours bons: cette difficulté même augmentera nécessairement avec leurs relations; et c'est en ceci surtout que les dangers de la société nous rendent l'art et les soins plus indispensables pour prévenir dans le coeur humain la dépravation qui naît de ses nouveaux besoins."
[3]) Tom. VIII, 435. — [4]) VIII, 435 f. — [5]) VIII, 437. — [6]) VIII, 443. — [7]) VIII, 443 f.
[8]) Tom. VIII, 444. — Bezeichnend für die damaligen Verhältnisse ist in dieser Beziehung seine Mahnung: „Voulez-vous exciter et nourrir dans le coeur d'un jeune homme les premiers mouvemens de la sensibilité naissante, et tourner son caractère vers la bienfaisance et vers la bonté; n'allez point faire germer en lui l'orgueil, la vanité, l'envie, par la trompeuse image du bonheur des hommes; n'exposez point d'abord à ses yeux la pompe des cours, le faste des palais, l'attrait des spectacles; ne le

Um ferner vorzubeugen, „dass das Mitleid in Schwäche ausarte, muss man es verallgemeinern und über das ganze Menschengeschlecht ausdehnen"[1]).

Zu den Tugenden, zu welchen Rousseau erzieht, gehört auch die Schamhaftigkeit und Ehrbarkeit. In Bezug auf diese macht er die richtige Bemerkung: „Sie in der Schamhaftigkeit und Ehrbarkeit unterweisen, heisst, sie lehren, dass es schändliche und unehrbare Dinge gebe, heisst, ihnen ein geheimes Verlangen beibringen, diese Dinge kennen zu lernen. Früher oder später kommen sie dahinter, und sicherlich beschleunigt der erste Funke, der die Einbildungskraft trifft, die Entzündung der Sinne. Wer errötet, ist bereits schuldig; die wahre Unschuld kennt gar keine Scham"[2]). Um die Unschuld der Zöglinge zu bewahren, giebt es nach seiner Meinung nur ein sicheres Mittel, nämlich das, „dass alle diejenigen, die um sie sind, dieselbe in Ehren halten und lieben. Ohne dies wird alle Zurückhaltung, die man ihnen gegenüber zu beweisen bestrebt ist, früher oder später sich selbst Lügen strafen; ein Lächeln, ein Winken mit den Augen, eine entschlüpfte Gebärde sagen ihnen alles, was man ihnen zu verbergen sucht; schon die Wahrnehmung, dass man es ihnen hat verbergen wollen, belehrt sie hinreichend"[3]).

Grosses Gewicht legt Rousseau auf die Bewahrung der Unschuld und Keuschheit[4]) in dem kritischen Alter. Hören wir auch hierüber einige seiner trefflichen Ratschläge. „Wenn das kritische Alter herannaht, sagt er, so bietet den Jünglingen Anblicke dar, die sie zurückhalten, nicht aber solche, die sie aufregen; lenkt ihre Einbildungskraft auf Gegenstände, die ihre Sinne nicht in Flammen setzen, sondern die Lebhaftigkeit derselben dämpfen. Entfernt sie aus den grossen Städten, wo der Putz und die Frechheit der Frauen den Unterricht der Natur beschleunigen und ihm zuvorkommen, wo sich ihren Augen überall Vergnügen darbieten, die sie nicht eher kennen lernen sollten, als bis sie fähig sind, unter ihnen zu wählen. Bringt sie zurück an ihre ersten Wohnstätten, wo sich unter dem Einfluss ländlicher Einfachheit die Leidenschaften ihres Alters weniger rasch entwickeln, oder wenn ihre Neigung für die Künste sie an die Stadt fesselt, so benutzt diese Neigung, um einem gefährlichen Müssiggange vorzubeugen. Seid sorgfältig in der Wahl ihrer Gesellschaften, ihrer Beschäftigungen, ihrer Vergnügungen; führt ihnen nur rührende, aber sittsame Gemälde vor, die auf ihr Gemüt einwirken, ohne sie zu ver-

---

promenez point dans les cercles, dans les brillantes assemblées; ne lui montrez l'extérieur de la grande société qu'après l'avoir mis en état de l'apprécier en elle-même." (VIII, 440 f.)
[1]) Tom VIII, 513. — [2]) VIII, 430. — [3]) VIII, 430.
[4]) „Bis zum 20. Jahre ist die Enthaltsamkeit naturgemäss; von da an ist sie eine moralische Pflicht". (IX, 170.)

führen, die ihrem Gefühle Nahrung geben, ohne die Sinne aufzuregen"[1]).

Gelingt es durch Wahl der Verhältnisse und Regelung der Einbildungskraft die Unschuld des Zöglings bis zum 20. Jahre zu bewahren, dann glaubt Rousseau hinsichtlich der Charakterbildung die Hauptsache erzielt zu haben. Es wird der Zögling alsdann in diesem Alter „der grossmütigste, beste, liebevollste und liebenswürdigste Mensch sein"[2]); denn er wird, wie Rousseau in seinem Enthusiasmus darlegt, „zu den zärtlichen und liebevollen Leidenschaften hingeführt; sein mitleidiges Herz wird durch die Leiden seiner Nebenmenschen gerührt; er zittert vor Freude, wenn er seinen Spielgenossen wiedersieht; seine Arme breiten sich zu herzlicher Umarmung aus; seine Augen vergiessen Thränen der Rührung; er fühlt sich beschämt, wenn er Missfallen erregt hat. Verleitet ihn die Hitze seines aufgeregten Blutes zur Heftigkeit, zum Aufbrausen, zum Zorn, so erkennt man im nächsten Augenblicke die ganze Güte seines Herzens in dem Ergusse seiner Reue; er weint, seufzt wegen der Wunde, die er geschlagen hat, möchte das Blut, das er vergossen hat, mit dem seinigen wieder erkaufen; all seine Entrüstung erlischt, all sein Stolz demütigt sich vor dem Gefühl seines Fehlers. Ist er selbst beleidigt, so entwaffnet eine Entschuldigung, ein Wort seinen heftigsten Grimm; er verzeiht das Unrecht, das andere ihm zugefügt haben, mit ebenso liebevollem Herzen, mit welchem er das seinige wieder gut zu machen sucht. Das Jünglingsalter ist weder das Alter der Rache, noch des Hasses; es ist das Alter des Mitleids, der Milde, der Grossmut"[3]).

Von den übrigen gesellschaftlichen Tugenden, welche Rousseau nur flüchtig berührt, ist ausser der Wahrhaftigkeit[4]) und Bescheidenheit besonders die Freundschaft[5]) zu erwähnen.

Da nun nach Rousseau „die ganze Moralität unserer Handlungen in dem Urteile liegt, das wir selbst darüber fällen[6])", so ist er um die Förderung der moralischen Erkenntnis geflissentlich bemüht. Die Übermittelung derselben hat, um fruchtbar zu werden, durch die Erfahrung zu geschehen. Dies ist in fast allen Fällen möglich. „Es giebt keine moralische Erkenntnis, sagt er, die man nicht durch die Erfahrung anderer oder durch seine eigene erwerben könnte[7])". Nur in den Fällen, wo es gefährlich ist, diese Erfahrung selbst zu machen, zieht man die Lehre lieber aus der Geschichte[8]). Zweckmässig für die moralische Belehrung findet er nun auch die Fabeln[9]).

Schliessen wir hiermit diese Ausführungen. Die angeführten Äusserungen, Forderungen und Massnahmen zeigen, dass sich in der That auch nach der Seite der moralischen Erziehung ein

---

[1]) Tom. VIII, 461 f. — [2]) VIII, 439. — [3]) VIII, 438 f. — [4]) VIII, 512. — [5]) VIII, 470. — [6]) IX, 60. — [7]) VIII, 501. — [8]) VIII, 501.
[9]) „Le temps des fautes est celui des fables" (VIII, 501).

merklicher und ziemlich weitgehender Einfluss des Gesellschaftsprinzipes beobachten lässt[1]).

5) Da das Gesellschaftsideal Rousseaus schliesslich auch Anforderungen in Bezug auf die religiöse Entwickelung der Bürger stellt, so wollen wir in Kürze noch untersuchen, ob seine Pädagogik auch nach dieser Richtung seinem Ideale Rechnung trägt. Einem flüchtigen Blicke begegnen hierbei zunächt mancherlei Rücksichten, welche deutlich an das Naturprinzip erinnern. So ist es ohne Zweifel eine naturgemässe Massnahme, wenn Rousseau die religiösen Belehrungen erst im siebzehnten oder achtzehnten Lebensjahre auftreten lässt, da ja der Mensch nach seiner Anschauung vorher für religiöse Begriffe nicht fähig ist. Ebenso entspricht es seinem Naturprinzipe, dass er seinen Zögling durch die Betrachtung der Natur[2]) zu religiösen Vorstellungen leiten will und auf die Anbahnung einer „natürlichen Religion" bedacht ist. Wenn dabei endlich das innere Gefühl als wichtiger Faktor zur Geltung gelangt, so darf man darin nicht weniger eine Konsequenz seiner Naturanschauung erblicken.

So offen nun in diesen Momenten Beziehungen zu seinem Naturprinzip vor Augen liegen, ebenso unverkennbar machen sich auf der anderen Seite Rücksichten auf sein Gesellschaftsideal bezüglich der religiösen Bildung bemerkbar.

Letzteres forderte die Religion vor allem als Grundlage der Moral, weshalb die Lehrsätze auf eine sehr geringe Zahl eingeschränkt wurden. Auf die Notwendigkeit einer so gearteten Religion aus gesellschaftlichen Rücksichten kommt nun Rousseau an einer bedeutsamen Stelle seiner Pädagogik zu sprechen. Da sich in ihr so viele Anklänge an die im Contrat social erhobenen Anforderungen in Bezug auf die „bürgerliche Religion" finden, lassen wir die auch sonst beachtenswerte Stelle hier folgen:

„Wenn unsere Glaubenssätze, heisst es nämlich, auch alle gleich wahr sind, so sind sie doch nicht alle gleich wichtig. Es ist für die Ehre Gottes etwas sehr Gleichgültiges, dass wir sie in allen Dingen erkennen. Aber es ist für die menschliche Gesellschaft und für jedes Glied derselben wichtig, dass jeder Mensch die Pflichten gegen seinen Nächsten und sich selbst erkennt und erfüllt, welche ihm das göttliche Gesetz auflegt. Das ist es, was wir einander unaufhörlich lehren müssen, und das ist es besonders, worin Väter und Mütter gehalten sind, ihre Kinder zu unterrichten. Ob eine Jungfrau die Mutter ihres Schöpfers ist, ob sie Gott geboren oder nur einen Menschen, mit welchem sich Gott vereinigt,

---

[1]) Es kann keinem Zweifel unterliegen, dass sich Rousseau nur im Hinblick auf die zukünftige soziale Stellung seines Zöglings veranlasst fühlte, die sittliche Natur desselben in einem viel höheren Grade zur Entwicklung zu bringen, als es durch das Naturprinzip gefordert wird.
[2]) Tom. IX, 55 f; 87.

ob Vater und Sohn gleiches Wesens oder nur einander ähnlich sind, ob der heilige Geist von einem von beiden, die einander gleich sind, oder ob er von beiden zugleich ausgeht: das sind Fragen, deren Entscheidung mir für das Menschengeschlecht ebenso unwichtig erscheint, als ob man weiss, an welchem Tage man Ostern feiern muss, ob man den Rosenkranz beten, fasten, sich des Fleisches enthalten, in der Kirche Latein oder in der Landessprache sprechen, ob man die Wände mit Bildern schmücken, ob man die Messe lesen oder hören und ob man nicht heiraten soll. Denke doch ein jeder hierüber, wie er will. Ich weiss gar nicht, wie dies andere interessieren kann; mich wenigstens interessiert es nicht im geringsten. Was mich aber und meine Mitmenschen interessiert, ist, dass ein jeder wisse, es giebt einen Lenker der menschlichen Geschicke, dessen Kinder wir alle sind, welcher uns allen gebietet, gerecht zu sein, einander zu lieben, wohlthätig und barmherzig zu sein, unsere Verpflichtungen gegen jedermann zu erfüllen, selbst gegen unsere und seine Feinde; dass das scheinbare Glück dieses Lebens ein Nichts ist, dass es ein anderes Leben nach diesem Leben giebt, in welchem dieses höchste Wesen die Guten belohnen, die Bösen bestrafen wird. Diese und ähnliche Glaubenssätze müssen der Jugend gelehrt und allen Bürgern eingeprägt werden. Wer sie bekämpft, verdient ohne Zweifel Strafe; denn er ist ein Störer der Ordnung und ein Feind der Gesellschaft[1])."

Wie hier, so blicken an mehreren Stellen deutliche Beziehungen zu seinem Gesellschaftsideale durch seine Ratschläge. So ist, um nur noch einen Beleg anzuführen, für das oben bezeichnete Verhältnis der Religion zur Moral jene Stelle charakteristisch, in welcher er seinen Zögling belehrt, „dass in allen Ländern und in jeder Sekte es als die Hauptsumme des Gesetzes erscheint, Gott über alles zu lieben und seinen Nächsten als sich selbst, dass es keine Religion giebt, die von den Pflichten der Moral entbindet, dass nur diese das Wesentliche der Religion ist, dass der innere Gottesdienst die erste dieser Pflichten ist, und dass es ohne den Glauben keine wahre Tugend giebt[2])."

Dieser Ausblick auf die religiöse Erziehung zeigt, dass auch hier trotz der Geltendmachung des Naturprinzips ein Einfluss seiner sozialen Ideen unverkennbar wahrzunehmen ist.

V.

Rückblick. Bedeutung des Gesellschaftsprinzips für das Endziel der Erziehung. Korrektiv des Naturprinzips.

Erinnern wir uns jetzt am Ende dieses Teils noch einmal der aus Rousseaus Gesellschaftsideal folgenden Konsequenzen sowie aller derjenigen Beziehungen seiner Pädagogik, die wir als Äusserungen

---
[1]) Tom. IX, 273f. — [2]) IX, 120.

derselben betrachten konnten, so dürfen wir auf Grund dieser Ausführungen behaupten, dass das **Gesellschaftsprinzip neben dem Naturprinzip einen immerhin beträchtlichen Einfluss auf die Gestaltung seiner Pädagogik gewinnt.** War das Naturprinzip ein subjektives, individualistisches Prinzip, so sucht das Gesellschaftsprinzip den objektiven, sozialen Bedürfnissen Rechnung zu tragen; lag die praktische Bedeutung des ersteren in der Hauptsache in seiner methodischen Fruchtbarkeit, so gewinnt letzteres vorwiegend **massgebenden Einfluss auf die Auswahl des Bildungsstoffes sowie auf die Bestimmung des Endziels seines Erziehungsplanes** [1]).

Nach alledem lässt sich das **Gesellschaftsprinzip als notwendiges Gegengewicht des Naturprinzips ansehen**, das die überwiegend negativen, formalen Forderungen desselben vor allem nach der positiven, sachlichen Seite hin ergänzt.

Dadurch aber, dass das Gesellschaftsprinzip als objektives Kriterium die zum Teil extremen und ungenügenden Konsequenzen und Massnahmen seines subjektiven Prinzips in mehrfacher Hinsicht korrigiert und ergänzt, bildet es einen Faktor, welcher für eine objektive Beurteilung der pädagogischen Gedanken Rousseaus notwendig mit in Betracht zu ziehen ist.

---

[1]) Im Gegensatz zu denen, die, indem sie den „Naturmenschen" als Rousseaus Erziehungsideal bezeichnen, nur eine, und zwar die nächstliegende Seite seiner Pädagogik ins Auge fassen und damit ihre universellere Bedeutung verkennen, stimmen wir Corwin völlig bei, welcher in Bezug auf das Endziel der Rousseauschen Erziehung sagt: „Obgleich Rousseau theoretisch bestreitet, dass das von Locke erstrebte Ziel (eines tugendhaften und nützlichen Mitgliedes der Gesellschaft, a. a. O. p. 30) erreichbar oder nur wünschenswert sei, so stimmt er doch thatsächlich darin mit ihm überein, dass er ein tugendhaftes Mitglied der menschlichen Gesellschaft heranbilden will." (p. 75.) — Cf. auch Bakitsch, a. a. O 11. — Brockerhoff, a. a. O. III, 47. — Arnstädt, Fr. Rabelais etc. p. 108. — An einer Stelle der Nouvelle Heloïse bezeichnet Rousseau das, worauf es seiner Pädagogik ankommt, ganz zutreffend, wenn er sagt: „Tout consiste à ne pas gâter l'homme de la nature en l'appropriant à la société." (Tom. VII, 345.) — Im allgemeinen hat Rousseau damit das Richtige getroffen. Das Verhältnis zwischen den sozialen und individuellen Rücksichten wird ja noch heute im grossen und ganzen so bestimmt, dass man das Was der Bildung nach den gesellschaftlichen Ansprüchen, das Wie dagegen vornehmlich nach der Eigenart des Einzelnen gestaltet. (Cf. Rissmann, Individualismus und Sozialismus in der pädagogischen Entwicklung unseres Jahrhunderts. Gotha 1892. p. 47).

Schlussbetrachtung.

Am Schlusse unserer Ausführungen angelangt, dürfte es am Platze sein, einen kurzen Rückblick auf die Ergebnisse derselben zu werfen, um schliesslich auf Grund der letzteren ein Endurteil über die Berechtigung des von uns vertretenen, eingangs gekennzeichneten Standpunktes, sowie des auf ihm fussenden vorliegenden Versuches abzugeben.

Ein Blick auf den Ursprung der philosophischen Ideen Rousseaus liess uns die Wurzeln seines Natur- und Gesellschaftsproblems erkennen. Bei dem weiteren Verfolgen seiner philosophischen Entwickelung beobachteten wir, wie beide Ideale allmählich an Klarheit und Deutlichkeit gewannen. Ihr beiderseitiges Verhältnis gestaltete sich so, dass das Gesellschaftsproblem das eigentlich centrale Problem Rousseaus wurde, während dem Naturproblem die besondere Aufgabe zufiel, zur Verwirklichung jenes höheren Zieles eine neue Grundlage zu schaffen wie auch die zur Erreichung desselben erforderlichen Mittel zu zeigen.

Mit dieser Auffassung seines philosophischen Standpunktes traten wir an seine Pädagogik heran und sahen zu, welche Bedeutung beide Ideale für diese annahmen und in welcher Weise sie sich in ihr geltend machten.

Bezüglich des Naturprinzips ergaben sich dabei aus dem aus den verschiedensten Elementen zusammengesetzten Naturbegriff Rousseaus ungezwungen die allgemeinen Tendenzen:

1) die kindliche Natur frei und ungehemmt sich entwickeln zu lassen, den Zögling daher allen äusseren Einflüssen thunlichst zu entziehen,

2) eine allseitige, harmonische Entwicklung der physischen Natur als notwendige Grundlage aller geistigen und moralischen Bildung anzustreben,

3) die Entwicklung der Intelligenz zu Gunsten der physischen Erziehung hintanzusetzen, zu verzögern, ja geradezu zu vernachlässigen.

4) der Bildung des Gefühls und Willens, der Entfaltung des Charakters, ein höheres Interesse zuzuwenden als der intellektuellen Entwicklung, und

5) die allmähige, gesetzmässige Entwicklung der Menschennatur überhaupt aufs sorgfältigste zu studieren, um jederzeit Mittel und Ziele den jeweiligen Bedürfnissen derselben anzupassen.

Das Ergebnis der nach solchen Maximen geleiteten Erziehung war ein unbefriedigendes, das Ziel selbst ein einseitiges und ungenügendes.

Als Korrektiv und notwendige Ergänzung trat deshalb zu dem Naturprinzip das Gesellschaftsprinzip.

Seinen Einfluss erkannten wir

1) an der Betonung jener allgemeinen Forderung, das Kind überhaupt als soziales Wesen aufzufassen, es nicht nur als für sich bestehendes Individuum zu behandeln,

2) an den Massnahmen, die darauf abzielten, den infolge des Naturprinzips in vollster Freiheit Erzogenen für jene Abhängigkeit vorzubereiten, die das gesellschaftliche Leben dereinst mit sich bringt,

3) an dem Bestreben, die Intelligenz, deren Entwicklung dem Naturprinzip gemäss auffällig vernachlässigt wurde, in weitgehender Weise zur Entfaltung zu bringen, um ihn zu befähigen, als Glied des Staates selbständigen Anteil an allen Geschäften, Interessen und Verpflichtungen desselben nehmen zu können,

4) an der Tendenz, die moralische Seite des Zöglings, welche durch das Naturprinzip gleichfalls ungenügend zur Entfaltung kam, in weiterem Umfange auszubilden, sowie schliesslich

5) an jenen Zügen seiner Pädagogik, welche auf die Begründung der durch sein Staatsideal geforderten „bürgerlichen Religion" abzielten.

Da diese hier angeführten Züge seiner Pädagogik vom Standpunkte des Naturprinzips aus als fremdartige, zum Teil rätselhafte Bestandteile angesehen werden müssen, vom Standpunkte des Gesellschaftsprinzips aus jedoch als wohlverständliche, sogar notwendige Forderungen desselben ohne weiteres einleuchten, so dürfte nach dieser Sachlage die Annahme dieses zweiten Prinzips als berechtigt und seine Geltendmachung als ein für die Beurteilung seiner Pädagogik beachtenswerter Faktor erwiesen sein.

Bei richtiger Würdigung dieses letzteren Prinzips lässt sich auch das gegenseitige Verhältnis beider Ideale in seiner Pädagogik als das nämliche wiedererkennen, als welches es sich durch philosophische Reflexion allmählich in ihm herausgebildet hatte. Wie dort, so steht auch hier im Grunde genommen das Gesellschaftsproblem im Mittelpunkte seiner ganzen Bestrebungen. Tritt es auch anfangs sehr in den Hintergrund, so geschieht dies nur, damit das in seinem Dienste stehende Naturprinzip zu seiner Verwirklichung den zweckmässigsten Grund und die sichersten Wege schaffe; in Wirklichkeit schwebt doch das Gesellschaftsideal seiner Pädagogik, bald bewusster und klarer, bald unbewusster und dunkler als objektives, höheres und letztes Ziel vor. Der für Rousseau so charakteristische Gegensatz von Natur und Gesellschaft, der den Ausgangspunkt seines Philosophierens bildete und der auch am Anfange seiner Pädagogik noch öfters nachklingt, findet somit infolge teilweiser Verschmelzung des Natur- und Gesellschaftsideals am Ende derselben eine gewisse Versöhnung.

Wenn es vorliegendem Versuche füglich gelungen sein sollte, auf Grund möglichst scharfer Abgrenzung des Naturprinzips und einer grösseren Beachtung des Einflusses des Gesellschaftsprinzips einen neuen Weg gezeigt zu haben, eine Anzahl der bisher als Widersprüche seines Systems bemängelten Züge als solche ohne weiteres zu beseitigen, andere rätselhafte Erscheinungen zu erklären, so wäre der Zweck desselben, zu dem historischen Verständnisse der pädagogischen Gedanken Rousseaus einen Beitrag zu liefern, damit erreicht.